本书由广西高等教育本科教学改革工程立项项目
"'互联网+'下国际贸易本科生创业创新能力培养模式研究与实践"资助出版

"互联网+"
背景下
高校创业创新人才培养模式

韦倩青 / 著

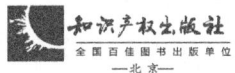

全国百佳图书出版单位
—北京—

图书在版编目（CIP）数据

"互联网＋"背景下高校创业创新人才培养模式/韦倩青著. ——北京：知识产权出版社，2021.12

ISBN 978－7－5130－7802－3

Ⅰ.①互… Ⅱ.①韦… Ⅲ.①高等学校—创业—人才培养—培养模式—研究—中国 Ⅳ.①G649.2

中国版本图书馆 CIP 数据核字（2021）第 213729 号

内容提要

开展创新创业教育，培养大学生创新创业素质是我国教育改革和发展的必然趋势。本书理论联系实际，结合相关数据和案例展开论述，全书共计 7 章，其中重点论述了国内高校创业创新人才培养现状、"互联网＋"背景下高校创业创新人才培养模式的改革思路和实践，并结合了广西大学商学院的案例，具有较强的实践性和针对性。

本书既可作为普通高等院校大学生创新创业课程的指导教材，又可供社会各类创业者学习阅读。

责任编辑：李小娟　　　　　责任印制：孙婷婷

"互联网＋"背景下高校创业创新人才培养模式
"HULIANWANG＋" BEIJINGXIA GAOXIAO CHUANGYE CHUANGXIN RENCAI PEIYANG MOSHI

韦倩青　著

出版发行：知识产权出版社有限责任公司		网　　址：http://www.ipph.cn	
电　　话：010－82004826		http://www.laichushu.com	
社　　址：北京市海淀区气象路 50 号院		邮　　编：100081	
责编电话：010－82000860 转 8531		责编邮箱：lixiaojuan@cnipr.com	
发行电话：010－82000860 转 8101		发行传真：010－82000893	
印　　刷：北京中献拓方科技发展有限公司		经　　销：各大网上书店、新华书店及相关专业书店	
开　　本：720mm×1000mm　1/16		印　　张：12.5	
版　　次：2021 年 12 月第 1 版		印　　次：2021 年 12 月第 1 次印刷	
字　　数：162 千字		定　　价：79.00 元	

ISBN 978－7－5130－7802－3

出版权专有　侵权必究
如有印装质量问题，本社负责调换。

目　录

第1章　导　论 …………………………………… 1
　1.1　研究背景 …………………………………… 1
　1.2　研究意义 …………………………………… 9
　1.3　研究思路和主要内容 ………………………… 11
　1.4　创新点 ……………………………………… 14

第2章　高校创业创新教育研究回顾和理论基础 …… 16
　2.1　高校创业创新教育的文献综述 ……………… 16
　2.2　高校创业创新教育的理论基础 ……………… 27
　2.3　本章小结 …………………………………… 44

第3章　"互联网+"背景下创业创新能力的变化 …… 45
　3.1　传统经济形态下创业创新能力的内涵和特征 …… 45
　3.2　"互联网+"背景下创业创新能力的内涵和特征 … 47
　3.3　"互联网+"对创业创新教育的影响 ………… 53
　3.4　"互联网+"背景下创业创新能力的变化及其原因 … 60

3.5 本章小结 ·· 65

第4章 国外高校创业创新人才培养模式研究 ················ 66

4.1 国外高校创业创新人才培养案例介绍 ················ 66
4.2 国外高校创业创新人才培养案例总结 ················ 78
4.3 国外高校创业创新人才培养模式对中国高校的启示 ····· 81
4.4 本章小结 ·· 83

第5章 国内高校创业创新人才培养现状 ······················ 84

5.1 国内高校创业创新教育的特点 ························· 84
5.2 国内高校创业创新人才培养中存在的问题 ············ 89
5.3 国内高校创业创新人才培养的发展趋势 ··············· 96
5.4 本章小结 ·· 101

第6章 "互联网+"背景下高校创业创新人才培养模式改革思路 ···· 102

6.1 "互联网+"背景下高校创业创新人才培养目标的调整 ··· 102
6.2 高校创业创新人才培养方案修订：以国际经济与贸易专业为例 ·· 106
6.3 高校创业创新人才培养的实践教学改进：以国际经济与贸易专业为例 ································ 111
6.4 高校创业创新师资培养的改革 ························ 115
6.5 "以赛促学"在高校创业创新人才培养中的作用 ······· 117
6.6 本章小结 ·· 119

第7章 "互联网+"背景下创业创新人才培养模式改革实践：以广西大学商学院为例 ···································· 120

7.1 广西大学商学院开展创业创新教育的现状 ············ 120

7.2 深化创业创新人才培养改革的举措 …………………… 128
7.3 学生实践能力培养改革的举措 …………………………… 138
7.4 创业创新师资队伍建设的举措 …………………………… 145
7.5 保障人才培养质量的举措 ………………………………… 146
7.6 广西大学商学院创业创新人才培养改革
　　成效与未来思路 ………………………………………… 148
7.7 本章小结 ………………………………………………… 151

参考文献 ………………………………………………………… 152

附录1 广西大学创业创新教育访谈的情况记录 …………… 170

附录2 2016—2019年广西大学商学院学生获各类竞赛
　　　　奖励情况 ………………………………………………… 180

附录3 广西大学商学院学生参加创业创新活动及科研
　　　　项目情况 ………………………………………………… 185

附录4 广西大学商学院学生发表学术论文/作品情况 ……… 187

后　记 ………………………………………………………… 189

导 论

1.1 研究背景

1.1.1 "双循环"新发展格局亟须创业创新人才

2008年国际金融危机爆发后,经过近十年的调整,全球经济并没有迎来复苏,相反却陷入持续的结构性低迷,全球贸易保护主义也开始抬头,并逐渐演变成逆全球化浪潮,2018年伊始的中美贸易争端是贸易保护主义抬头的典型表现。2020年的新型冠状病毒肺炎疫情(以下简称新冠肺炎疫情)不仅冲击了全球经济,更让低迷中的世界经济雪上加霜。世界经济陷入深度衰退中,首先,根据国际货币基金组织估计,2020年全球GDP增长率按购买力平价(Purchasing Power Parity,PPP)计算约为-4.4%。这是第二次世界大战结束以来,世界经济最大幅度的产出萎缩。其次,新冠肺炎疫情暴发之后，世界许多国家的失业率明显上升。再者，受中美两国经贸摩擦及美国与其他国家的贸易冲突影响，全球国际贸易在2019年出现了萎缩；2020年受新冠肺炎疫情冲击，国际贸易继续萎缩，且萎缩幅度显著扩大；2020年一季度和二季度，世界货物出口额同比增长率分别为-6.4%和-21.3%，比上年同期降幅分别扩大4.0%和18.1%。最后，新冠肺炎疫情不仅使国际投资机会减少，而且使已有的国际投资项目不得不推迟甚至取消。根据联合国贸易发展委员会估计，2020年全球国际直接投资流量将比2019年大幅下降40%。❶

根据世界经济形势的变化与出现的新问题，以及中国发展阶段、环境、条件的新变化，着眼于中国未来的长期发展，《中共中央关于制定国民经济和社会发展第十四个五年规划和二〇三五年远景目标的建议》中明确提出，加快构建以国内大循环为主体、国内国际双循环相互促进的新发展格局。❷ 这是以习近平同志为核心的党中央立足中华民族伟大复兴战略全局和百年未有之大变局，根据国内外政治经济环境的变化，做出的中国经济发展战略的重大调整：从"国际大循环"战略转向"双循环"发展战略。"双循环"发展战略从供给侧角度来看，是为了转变原来的"国际大循环"战略中，中国部分产业过于依赖外部资源和技术，自主创新能力不足的困境。以中美贸易争端为例，表面看是两国在贸易领域的竞争，本质上却是两国在决定国民经济发展的未来产业上的竞争，尤其是与"互联网"密切相关的高科技产业。在这些高科技产业中，自主创新能力是国家竞争优势的重要源泉，也是国家产业安全、经济安全的重要保障。

---

❶ 姚枝仲. 世界经济形式分析与展望 [EB/OL]. (2021-01-01) [2021-04-14]. http://m.ce.cn/gj/itw/202101/01/t20210101_36179553.shtml. 2.

❷ 陈辞. 构建"双循环"新发展格局 助力"十四五"高质量发展 [EB/OL]. (2021-01-01) [2021-04-14]. http://www.china.com.cn/opinion2020/2021-01/04/content_77078131.shtml?f=pad&a=true.

因为只有拥有了自主创新能力，才能在国际分工的关键领域、全球价值链的关键环节、同一产品关键零部件生产中，占据主动地位，不被别国"牵着鼻子走"。

"双循环"的新发展格局统筹了中国经济的"发展与安全"。通过国内大循环的形成，实现资源的自由流动和优化配置，伴随中国加大对高新技术产业和"新基建"等领域的投资，能够形成对生产要素的引导效应，实现转型升级，同时促进创新要素充分流动、构建创新产业体系、搭建创新平台、提高创新活力、优化创新环境，从而提高中国自主创新能力。❶ 因此，"双循环"的新发展格局不仅意味着国家把发展的立足点更多放在了国内，更意味着与未来国家经济社会发展息息相关的人才培养模式要进行调整和完善，其中高等学校毕业生创业创新能力的培养，将成为促进"双循环"新发展格局尽快形成的重要推动力。

1.1.2　高校毕业生就业压力增加倒逼创业创新教育改革

"就业是最大的民生"，高校毕业生就业更是关系到社会稳定、经济发展和国家长治久安的社会问题。❷ 近些年，国家重点关注并推进解决高校毕业生就业问题。就目前情形来看，高校毕业生就业压力增加的原因是多方面的，首先，毕业生人数逐渐递增，带来就业市场上的竞争压力陡增；其次，毕业生个人对未来的职业定位不明确，个人能力与就业市场的岗位要求错配，导致就业困难；再次，高校人才培养模式与就业市场的岗位能力需求脱节；最后，大的经

---

❶ 原磊. 新发展格局的内涵要义与构建路径［EB/OL］. (2021-01-01)［2021-04-14］. https://news.china.com/zw/news/13000776/20210413/39473641_all.html#page_2.2.

❷ 徐秀红，黄登良，肖红新. "双创"教育视域下大学生就业满意度探析［J］. 教育与职业，2020，969（17）：67-72.

济环境变化带来的就业困难,如新冠肺炎疫情带来的经济下行压力,导致对高校毕业生的需求缩减。

虽然中国经济发展战略转型会带来就业市场上的结构性失业,但它也给高校毕业生带来了新的就业机会。如前所述,在中国经济高质量发展过程中,经济结构要优化,产业结构要调整升级,经济增长方式要转变,经济增长的驱动力要从依靠投资和要素驱动转变为依靠创新驱动。这些转变都需要减少资源型要素的投入,同时增加创新型要素的投入,这给创新型要素创造了大量的市场需求,为高校毕业生的创业创新活动提供了市场机遇。

中国共产党第十九次全国代表大会(简称党的十九大)报告强调创新驱动是国策,把创新摆到国家事业发展前所未有的高度,要部署加快实施国家创新驱动发展战略,并明确提出建设创新型国家的时间表和具体目标,而创业创新人才是建设创新型国家的关键要素。国家对高等学校的创业创新教育日益重视,陆续出台了推动和促进创业创新教育发展的实施意见,肯定了高等学校创业创新教育的地位,指出了高等学校创业创新教育改革的必要性和紧迫性,给出了推进高等学校创业创新教育的实施办法等。2010年5月教育部发布《关于大力推进高等学校创新创业教育和大学生自主创业工作的意见》,要求各地面向全体学生大力推进创新创业型(简称双创型)教育,把"双创型"教育融入人才培养全过程,这是国家首次提出"双创型"教育模式。❶ 2015年5月国务院印发的《关于深化高等学校创新创业教育改革的实施意见》中指出,深化高等学校创业创新教育改革,是国家实施创新驱动发展战略、促进经济提质增效升级的迫切需要,是推进高等教育综合改革、促进高校毕业生更高质量创业就业的重要举措,把深化高校创业创新教育改革作为推

---

❶ 王国鹏. "双创型"职业教育模式的国际借鉴与发展路径 [J]. 高等工程教育研究, 2020 (2): 154-158, 189.

进高等教育综合改革的突破口。从2016年开始所有高校都要设置创业创新教育课程并纳入学分管理。2018年9月18日的《关于推动创新创业高质量发展打造"双创"升级版的意见》（国发〔2018〕32号），强调要强化大学生创业创新教育培训，在全国高校推广创业导师制，把创业创新教育和实践课程纳入高校必修课体系，允许大学生用创业成果申请学位论文答辩。

因此，在国家经济发展战略调整背景下和国家关于高等学校创业创新教育相关政策的指导下，高等学校应该审时度势地调整人才培养模式，重视大学生创业创新能力的培养。这样不但能够缓解高校毕业生就业压力，而且让毕业生能够抓住经济转型带来的大好商机，利用所学的专业知识、创新思维、创业活力，成就一番事业，从而为推动中国经济高质量发展贡献一份力量。

1.1.3 "互联网+"时代带来高校创业创新人才培养新要求

所谓"互联网+"是指把互联网的创新成果与经济社会各领域深度融合，推动技术进步、效率提升和组织变革，提升实体经济创新力和生产力，形成更广泛地以互联网为基础设施和创新要素的经济社会发展新形态。❶"互联网+"正在引领新一轮的全球科技革命和产业革命，这场"互联网+各领域"的跨界融合，将会全面且深刻地影响和左右各国的经济社会发展。为了跟上新科技革命和产业变革，在互联网技术、应用和跨界融合已有比较优势的基础上，中国需要加快推进"互联网+"产业体系的发展，重塑创新体系，激发创新活力，培育新兴业态和创新公共服务模式，增强各行业创新

---

❶ 国务院关于积极推进"互联网+"行动的指导意见[EB/OL]. (2021-01-01) [2021-04-14]. http://www.gov.cn/zhengce/content/2015-07/04/content_10002.htm.

能力，构筑经济社会发展新优势和新动能，实现中国经济提质增效升级。中国的目标是到2025年，网络化、智能化、服务化、协同化的"互联网＋"产业生态体系基本完善，"互联网＋"新经济形态初步形成，"互联网＋"成为经济社会创新发展的重要驱动力量。

同时，通过"互联网＋"的跨界融合，高校毕业生可以在一些新的领域创业，这在一定程度上缓解了高校毕业生就业困难，也符合国家提出的"大众创业、万众创新"新思路，部分实现了"以创业带动就业"的政策措施。据麦可思公司《2013年中国大学生就业报告》显示，2012届大学毕业生自主创业比例为2%，比2011届的1.6%高出0.4%，比2010届的1.5%高出0.5%。麦可思公司《2020年中国大学生就业报告》显示，2019届本科毕业生自主创业比例为1.6%，高职毕业生自主创业比例为3.4%；而且随着毕业时间的延长，毕业生自主创业比例持续上升，毕业三年内上升至8.1%；大学生到"文化、体育和娱乐业"（本科：15.8%，高职：6.9%）、"零售业"（本科：8.6%，高职：11%）创业的比例也较高，从所从事主要工作岗位来看，大学生到"文化、体育和娱乐业"领域创业主要是做摄影师、自由写作等，做零售主要是从事销售、电子商务等方面工作。尽管数据反映选择创业的毕业生占比依然较低，但呈现积极发展的态势。

"互联网＋"时代的经济社会发展，"创业创新"是核心。为此，国务院在2015年发布的《关于积极推进"互联网＋"行动的指导意见》中提到多项举措，其中涉及高校创业创新教育的包括：①加快复合型人才培养。面向"互联网＋"融合发展需求，鼓励高校根据发展需要和学校办学能力设置相关专业，注重将国内外前沿研究成果尽快引入相关专业教学中。鼓励各类学校聘请互联网领域高级人才作为兼职教师，加强"互联网＋"领域实验教学。②鼓励联合培养培训。实施产学合作专业综合改革项目，鼓励校企、院企合作办学，推进"互联网+"专业技术人才培训。深化互联网领域产教融合，依托高校、科研机构、企业的智力资源和研究平台，建立一批联合实训基地。建立企业技术中心和院校对接机制，鼓励企业在院校建立"互联网+"研发机构和实验中心。

互联网与传统行业的深度融合，创造出新的发展生态，而传统业态也在"升级换代"，为经济发展提供了新的机会和增长点。面对如此变化，人才需求市场对高校毕业生的知识结构、能力结构、技能结构等方面提出新的要求，而传统人才培养模式已不能很好地满足这些需求。中国高校需要在学生创业创新能力培养上进行改革，一方面，为了更好服务于中国建设创新型国家的战略目标；另一方面，为了高校毕业生能够利用好国家创业创新的政策导向和创业环境，抓住创业契机，突破就业瓶颈。

1.1.4　高校传统的创业创新人才培养模式存在缺陷

尽管中国的经济社会发展需要创业创新人才，国家制定了促进创业创新活动发展的政策和措施，"互联网+"的新科技革命和产业变革也为创业创新活动提供了机遇和沃土，然而现实中中国高校毕业生的创业成功率并不高。麦可思公司《2018年中国大学生就业报告》显示，大学生创业成功率仅为5%，远远低于欧美发达国家的水平。这从侧面反映中国高校传统的创业创新教育存在不足之处，需要通过创业创新人才培养模式的改革来适应新形势对人才能力和素质的要求。传统的创业创新人才培养存在以下缺陷。

1. 与"互联网+"下创业创新能力培养相关的课程开设不足

因为"互联网+各领域"的跨界融合是新兴经济发展模式。因此，虽然国内各个高校都相应增设了创业创新类课程，但是这些创业创新类课程属于通识类课程，与专业类课程的融合度较低。此外，传统专业类课程的教学内容中，紧跟时代的创业创新教学内容涵盖率较低。以国际经济与贸易专业为例，跨境电子商务是"互联网+"时代国际贸易商业模式的新变化和新趋势，早在2014年，中国跨境电子商务试点进出口额就已突破30亿元；2020年的新冠肺炎疫情给跨境电子商务飞速发展带来契机，根据中国商务部统计，2020年中国跨境电商进出口增长31.1%。然而，目前国际经济与贸易专业的实务类课程，如"商务英语听说""商务英语""国际结算""国际贸易实务""外贸函电"等，不是缺少跨境电子商务的相关内容，就是仅为概论性介绍，无法让学生掌握从事跨境电子商务的相关专业知识和技能，不利于学生在"互联网+"时代创业创新能力的培养。

2. 与"互联网+"下创业创新能力培养相关的实践活动缺乏

高校的培养方案中包含实践教学环节，但该环节与"互联网+"相关的创业创新类实践内容不丰富、实践手段较为单一，多数专业的实践教学环节更重视采用模拟仿真实验的方式进行，学生切身实地尝试创业创新的实践活动较少。例如，国际经济与贸易专业学生的实践能力培养主要采用使用模拟软件，让学生模拟业务操作，处理外贸业务，同时指导教师进行讲解的方式。但是，模拟实习的设计常常是传统国际贸易情形，几乎不涉及跨境电子商务场景下的外贸交易过程。而现实跨境电子商务的外贸交易中，传统的外贸流程及传统的经商模式都发生了变化。所以，毕业生缺乏在"互联网+"下创业创新的能力实践场所和机会。此外，校企合作不够密切，未能充分发挥校外实习基地的作用，学生缺少到跨境电子商务企业实习的机会。

3. 与"互联网+"下创业创新能力培养相关的教师力量匮乏

与"互联网+"相关的创业创新教学活动离不开具备丰富实践经验的师资，然而现阶段创业创新师资是高校创业创新教育的短板。与高职高专院校偏重教师的社会实践有所不同，本科院校对教师的学位学历要求比较高，而对教师的社会实践却要求不多。这在一定程度上造成本科院校的教师缺少实践经验；再者专业教师教学任务较重，平时没有更多时间参与社会实践，自身专业技能培养不够。因为自身实践能力、社会经验等条件的限制，实习指导教师无法全面、系统、高质量地指导学生完成专业技能训练。

4. 与"互联网+"下创业创新能力培养相关的职业训练不够

为了推动高校创业创新教育的发展，国家设置了不少相关赛事，如中国"互联网+"大学生创新创业大赛，期望通过鼓励大学生参赛，锻炼和培养学生的创业创新能力。然而，本科高校学生参与这些比赛的积极性不高。与高职高专院校不同，本科院校以理论教学为主，实践教学为辅，因此多数本科院校不太重视参加创业创新类、专业技能类的比赛，也缺少相应的赛事指导教师，缺乏对专业技能竞赛与专业课程教学之间联系的相关研究。而创业创新类、专业技能类竞赛能够激发大学生的学习兴趣，促进教学改革，推动师资队伍建设，增强校企合作，是有利于学生创业创新能力培养的平台。

1.2 研究意义

鉴于上述中国经济发展背景及高校创业创新教育的现实，中国高校需要改变以学科课程为主体的课程体系，调整为以培养"互联网+"下创业创新能力培养为目标的课程体系，以适应"互联网+"下创新型国家的战略目标，以及"大众创业、万众创新"形势的人才需求。本书的研究意义主要体现在以下三个方面。

第一，提高高校人才培养质量，提升大学毕业生就业率。本书的研究将有助于解决中国高校创业创新人才培养中存在的问题，构建适应新形势、完善合理的人才培养模式，提高人才培养质量，满足"互联网+各领域"的跨界融合对创业创新人才的需求，提高毕业生的就业率。

第二，增强高校对社会的服务功能。高等学校的教育目标是为中国经济建设和社会发展培养大量专业人才。但是，经济形势的变化、互联网经济的发展，对高等学校人才培养提出了新的要求，对高校创业创新人才培养的目标定位和模式也提出了新的要求。本书的研究将根据中国国内外环境的变化，重新思考高校创业创新人才培养的目标定位，探索创业创新人才培养模式的改革，使高校能够向社会输送能够适应新形势的专业人才。

第三，促进高校的"一流"学科和"一流"专业建设。中国高校发展正处于以质量提升为核心的内涵式发展阶段。为了推进"一流"学科和"一流"专业建设，高等学校应该把培养高素质创新精神的人才作为根本目标，制定"宽口径、厚基础、高素质、强能力"的人才培养要求。本书通过对"互联网+"下创业创新教育的研究，将为高校创业创新人才培养模式改革、师资队伍建设，提供理论和实践指导，也将促进"一流"学科和专业建设。

1.3 研究思路和主要内容

1.3.1 研究思路

本书的研究对象是中国高校的创业创新人才培养模式。具体而言，本书在"互联网+"的时代背景下，梳理中国高校创业创新教育的理论逻辑和现实逻辑，分析"互联网+"这一时代特征对高校毕业生创业创新能力的影响，并在总结国外高校创业创新人才培养模式的经验基础上，探索中国高校创业创新人才培养模式改革的思路，最后以广西大学商学院为研究案例，具体实践这一改革思路。

本书的研究试图回答以下几个问题：

（1）"互联网+"背景下创业创新能力的内涵和特征会有什么变化？

（2）国外高校创业创新人才培养模式有哪些值得借鉴之处？

（3）中国高校创业创新教育的现实是怎样的？

（4）"互联网+"背景下高校创业创新人才培养模式的改革思路是怎样的？

（5）"互联网+"背景下高校创业创新人才培养模式改革具体实施方案是什么？

本书将遵循"提出问题—分析问题—解决问题的理论方案—解决问题的实操方案"的逻辑顺序展开研究，主要的研究思路如图1-1所示。

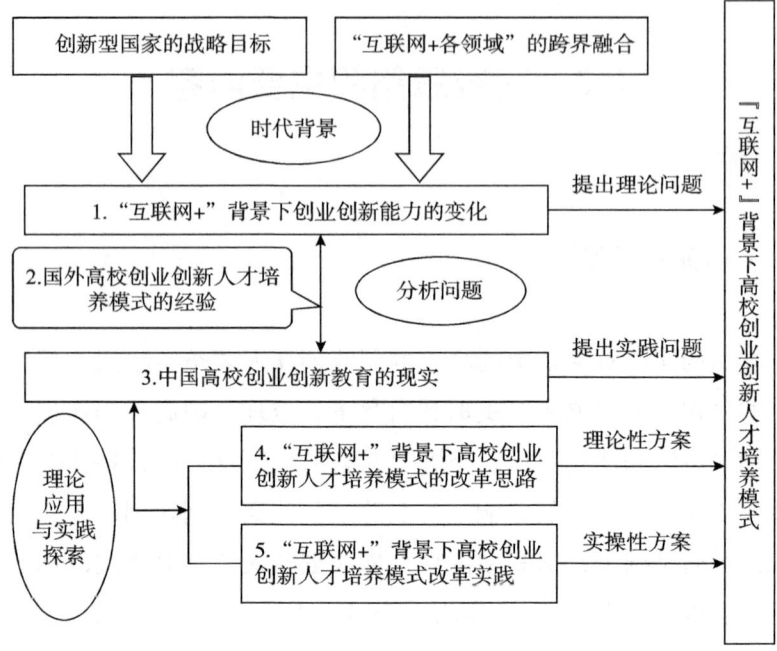

图 1-1 研究思路

1.3.2 研究的主要内容

本书主要包括以下内容。

1. "互联网+"背景下创业创新能力的变化

这部分内容是本书研究的理论起点。首先，梳理中国高校创业创新教育的时代背景：一是中国以建设创新型国家为未来发展的战略目标；二是"互联网+各领域"的跨界融合带来经济新生态。其次，在这样的时代背景之下，对创业创新教育已有研究成果、理论基础进行归纳总结。最后，结合时代背景、已有研究成果和理论基础，阐明"互联网+"经济新生态对创业创新能力的影响，由此提出本书研究的理论问题。

2. 国外高校创业创新人才培养模式的经验

这部分内容是本书后续提出解决方案的借鉴模板。本书将选择有特点的国外高校创业创新人才培养模式并以此为素材，通过介绍并剖析这些案例，希望找到成功的创业创新人才培养模式的共同性，归纳不同高校培养模式的差异性，为中国高校创业创新人才培养模式的改革提供可借鉴的模板。

3. 中国高校创业创新教育的现实

这部分内容是本书研究的现实起点。通过归纳总结中国高校创业创新人才培养的特点，剖析目前创业创新人才培养模式存在的问题，再结合"互联网+"的时代背景下创业创新能力的变化，阐释未来创业创新人才培养的发展趋势。这一部分将会提出本书研究的实践问题。

4. "互联网+"背景下高校创业创新人才培养模式的改革思路

这部分内容是解决实践问题的理论性方案。它有以下重要内容：第一，在前述理论阐释、现实情况、国外成功案例分析的基础上，明确中国高校"互联网+"背景下创业创新人才培养的目标。这个目标将是人才培养模式改革的方向。第二，构建中国高校"互联网+"背景下创业创新人才的培养模式，即详尽给出基于"互联网+"背景下创业创新人才培养目标的人才培养模式调整措施。这些措施具体涉及师资队伍的建设、理论教学课程体系的调整、实践教学环节的改革、主干课程教材的选择、教学方法和手段的创新及教学质量的反馈等方面的内容。

5. "互联网+"背景下高校创业创新人才培养模式改革实践

这部分内容是解决实践问题的实操性方案，将在理论和经验分析的支撑下，对实践问题给出具体回答。本书将以广西大学商学院为案例，通过考察"互联网+"下国际经济与贸易专业创业创新人才培养模式的改革实践，检验相关人才培养模式的改革效果，总结经验和教训，为后续的人才培养模式调整提供依据。在适当时机可以将成功经验在其他专业推广，以加快人才培养步伐，满足中国经济社会发展对创业创新人才的需求。

1.4 创新点

本书的创新点主要有以下几个方面。

第一，厘清了"互联网+"背景下创业创新教育的目的。创业创新教育的目的不仅是培养能够创办企业的人才，更是培养具备创业精神和创业能力的人才，这样的人才即使不自己创办企业，受雇于其他组织中也会成为促进组织改革创新的中坚力量。因此，从某种意上来说，创业创新教育促进创新能力的培育，创新精神是创业创新人才重要的特质之一。

第二，明确了"互联网+"背景下中国高校创业创新人才的培养目标。针对"互联网+"时代的特征，以及中国建设创新型国家的战略目标，本书提出了适应新形势的创业创新人才培养目标。目标的设定为中国高校创业创新人才培养指明了方向，只有这样后续的创业创新人才培养模式改革才有了方向。

第三，提出了"互联网+"背景下中国高校创业创新人才的培养模式。"互联网+"背景下中国高校创业创新人才培养模式改革是一个系统工程，涉及师资培养、课程设置、实践教学改革、课程教材选择、教学方法和手段的创新，以及教学质量反馈等方面的内容。通过这些方面的改革，才能保证人才培养模式的调整，实现人才培养目标。

高校创业创新教育研究回顾和理论基础

2.1 高校创业创新教育的文献综述

高校创业创新教育是国内外研究的热门领域，尤其在互联网经济时代，创新创业成为促进经济社会发展不可忽视的驱动力。创新能力、创业意识和精神从何而来？如何培养创业创新能力？教育界的学者们就这些问题从不同角度展开了研究。本书主要梳理了创业创新教育的内涵、创业创新教育师资的能力、创业创新教育的模式、创业创新教育效果的评价等方面的文献，为后续研究提供理论指导。

2.1.1 关于创业创新教育内涵的相关研究

如何辨析创业和创新的关系，是讨论创业创新教育内涵的基础。现有研究较多认同一个观点：创业和创新不可分割。熊彼特认为创业能力的核心是创新,而创业行为一定包含创新。❶ 创业是将知识重组付诸实践,将想法转化为有价值的产品、服务及组织模式,其中就伴随有创新。❷ 那么,什么是创业创新教育?1989年联合国教科文组织首次提出创业教育的概念,并指出创业教育以培养学生独立工作能力、事业心、社交和管理能力等品质为目标。❸ 但是,这个概念中并未直接体现创新,现有文献对创业创新教育也没有一个权威、统一的定义。有学者认为,创业创新教育有狭义和广义之分,狭义的创业创新教育是促进学生自主创业的教学实践活动,通过创业创新教育可以使某一技术或理论领域引发质的改变;❹ 广义的创业创新教育与创业教育、创新教育不同,是一种新的教育实践活动❺。石国亮认为创业创新教育是为了适应中国经济社会和国家发展战略需要并基于中国国情提出的新概念。❻ 学者们从不同角度讨论了创业创新教育的内涵(见表2-1)。从表2-1可以看出,尽管学者们界定创业创新教育的角度不同,但有几点是一致的:其一,创业创新教育是为了培养创新型人才;其二,创业创新教育不等于创业教育简单加上创新教育;其三,创业创新教育培养创新能力、创新精神、创业意识。简而言之,创业创新教育是对创新教育和创

---

❶ SCHUMPETER J. The theory of economic development [M]. Boston:Harvard University Press,1934.

❷ AMABILE T M. Creativity in context [M]. Boulder:Westview Press,1996. BAUMOl W J. Formal entrepreneurship theory in economics:existence and bounds [J]. Journal of business venturing,1993,8(3):197-210. ECKHARD J T,SHANE S A. Opportunities and Entrepreneurship [J]. Journal of management,2003,29(3):333-349.

❸ 石丽,李吉桢. 高校创新创业教育:内涵、困境与路径优化 [J]. 黑龙江高教研究,2021,322(2):100-104.

❹ 周志成. 高等教育哲学视阈下的创新创业教育 [J]. 北京交通大学学报(社会科学版),2011,10(3):122-125.

❺ 高晓杰,曹胜利. 创新创业教育:培养新时代事业的开拓者——中国高等教育学会创新创业教育研讨会综述 [J]. 中国高教研究,2007(7):91-93.

❻ 石国亮. 时代推展出来的大学生创新创业教育 [J]. 思想教育研究,2010(10):65-68.

业教育在理念和内容上的统一和升华,按照创新的原则和方法培养学生的创新思维和创业能力,引导学生在学习和工作中运用创新理念。❶

表 2 – 1 学者们界定的创业创新教育内涵

主要学者	创业创新教育的内涵	特点
战弋、孙伟（2008 年）	创业创新教育以素质教育为基础,以创新教育培养创新能力为关键,以创业教育探索创业实践模式为途径,从而培养高素质复合型创业创新人才	从创业创新教育与素质教育关系的角度界定创业创新教育; 创新教育与创业教育在创业创新教育中的作用不同
宋妍（2017 年）	高校创业创新教育是在当前高等教育综合改革下,适应经济社会发展方式转变、探索和研究创新精神、创业能力的培养,为社会主义建设事业培养创新型人才	创业创新教育不是创业教育和创新教育的简单叠加; 创业创新教育为了适应经济社会发展方式的转变
张冰、白华（2014 年）,张澍军（2013 年）,沈芳（2017 年）	高校创新创业教育培养学生的创新精神、创业意识,以及富有远见、勇于面对挫折、具有批判性思维的创造能力,是适应经济发展的实用教育	创业创新教育的目的是培养创新精神、创业意识、创造能力

---

❶ 卓泽林,曹彦杰. 美国高校如何构建创新创业生态系统:基于资源投入的视角［J］.学术论坛,2016,39（1）:162 – 167.

续表

主要学者	创业创新教育的内涵	特点
王洪才、郑雅倩（2020年）	创业创新教育从关注个体创业创新潜能开始，经过专业教育与社会实践才能达到发明创造与经营成功的终点；创业创新教育重点是培养创业创新能力，其中包含七个关键能力，即目标确定能力、规划设计能力、大胆尝试能力、沟通合作能力、把握机遇能力、规避风险能力和抗挫折能力，此七者不仅构成一个序列，而且循环上升，从而形成一个闭环系统；对于高校而言，开展创业创新教育必须因地制宜、因材施教，从"创新带动创业""创新创业融合"和"创业引领创新"三种类型进行突破	创业创新包含个体性、社会性双重含义；创业创新教育中，创业与创新不可分割
石丽、李吉桢（2021年）	高校创新创业教育是对创新教育和创业教育的超越与整合，是在综合二者内涵的基础上获得新发展；高校创新创业教育是以创新能力培养为基础，融入创业教育，并以创新与创业行为为教育的目标导向，培养大学生创新创业意识、思维方式和创新能力的一种新教育理念	创业创新教育整合创业教育和创新教育

石丽、李吉桢深入剖析了高校创业创新教育包含的要素：知识内化、经验生成和意识养成。其中，知识内化指学生通过学习，理解并吸收显性知识、缄默知识，将其转化为个体的知识系统，是创业创新教育的基础，也是评价创业创新教育效果的关键要素。经验

生成指形成新知识与原有经验之间以及新知识之间的能力，是创业创新教育在创业创新能力培养上的操作性表达。❶ 李亚员提到经验形成离不开实践，给学生提供更多实践机会，引导学生积极地建构、理解，进而生成经验，促进创业创新能力的发展。意识养成是创业创新教育的基本要素。创业创新意识教育激发学生推崇创业创新、追求创业创新、主动创业创新的意识和观念，激发学生勇于发现新问题、新机遇，引导学生具备问题意识、创造意识、主动意识、机遇意识和风险意识等。兴趣是创业创新意识教育的核心，动机的激发是创业创新意识教育的首要着力点，而价值观则是最终目标。

2.1.2　关于创业创新教师能力构成的相关研究

从事创业创新教育的教师需要具备哪些能力？创业创新教育是培养学生创业创新精神，提升创业创新能力的教学和实践过程。因此，从事创业创新教育的教师不但需要掌握创业创新的理论知识，而且需要具备创业创新精神，以及创业创新教学的能力。❷ 创业创新知识是指创业者在创业过程中，所需要掌握的有关创新创业活动的相关知识和经验，是教师开展创业创新教育的基础。创业创新精神不单是"创办企业"这个层面，还是"不顾及现有资源限制追逐机会的精神"，要求具有承担风险、团队组建及对机会的识别和远见。❸ 创业创新精神是教师从事创业创新教育的前提，对高校创业创

---

❶ 石丽，李吉桢. 高校创新创业教育：内涵、困境与路径优化 [J]. 黑龙江高教研究，2021，322 (2)：100–104.

❷ FINKLE T A. Entrepreneurship education trends [J]. Research in business and economics journal, 2010 (1)：35.

❸ 向敏，许钊铟，谢琅，等. 高校教师创新创业教育能力模型建构——基于全国596所高校双创教师数据的实证分析 [J]. 中国电化教育，2020，403 (8)：55–62.

新教育质量提升起着关键作用。❶

从事创业创新教育的教师，首先需要具备教学的基本能力。教师能力结构包括语言表达能力、课堂教学组织能力等在内的多种能力相互联系、相互作用的方式或秩序。❷但是与别的学科相比，创业创新教学作为一种跨学科学习、重在首创精神和创业认知能力培养的教育活动，具备实践性强、创新性突出的特点，需要教师在教学中不断通过新形式来激发学生思维，通过更多的实践性课程来让学生体会到创业创新活动的魅力。从事创业创新教育的教师还需要具备一些"特殊"的教学能力。王志强、龙泽海提出创业创新教师能力的构成分为"基础能力维度"与"提升能力维度"，基础能力维度建构了教师进入创业创新教育领域所应具有的初始水平，包括创业认知、先前经验、专业知识、教学技能、创业知识五个维度；提升能力维度提供了弥合创业创新教育理想状态与现实状态之间教师能力发展的关键指标，包括创业创新精神、教育教学能力、合作学习能力、创业实践能力、创业研究能力五个维度。❸

2.1.3 关于创业创新教育模式的相关研究

创业创新教育如何开展？中国从2010年开始将创业创新教育融入人才培养全过程中，2015年提出依据人才培养定位和创业创新教育目标总体要求，加快推进创业创新教育改革，从2016年开始所有

---

❶ 张英杰. 高校创业教育教师的学术创业能力评价及提升路径［J］. 高校教育管理，2018，12（2）：80－87.

❷ 周志刚，闫智勇，朱丽佳. 教师专业能力结构研究范式的源流与融合［J］. 天津大学学报（社会科学版），2013，15（2）：166－172.

❸ 王志强，龙泽海. 基于组织支持机制的我国高校创新创业教师能力结构研究——基于1231所高校的实证调查［J］. 华东师范大学学报（教育科学版），2020（12）：42－52.

高校都设置了创新创业教育课程并纳入学分管理。❶

美国是世界上最早建立创业创新教育体系的国家之一，现已形成政府、高校、社会机构多元主体参与的创业创新教育体系。多元主体各司其职，政府负责创业创新教育的顶层设计，制定创业创新法律法规，出台财政、金融、税收的优惠政策，保障和激励创业创新教育发展；❷高校实施创业创新教育，在课程设计中注重实践成果，将创业意识、创新品质等结合科学教育、社会教育融入课程体系中；❸社会机构通过多种方式参与创业创新教育，企业为学生创业创新项目提供资金支持和技术指导，多家投资机构成立投资公司协会，一些非营利社会组织也参与其中，共同为学生创业创新项目提供资金支持❹。

法国创业创新教育模式为"三化"模式：初始化、制度化和一体化。❺初始化是指法国的创业创新教育目前已经成为政府计划与政策的重要组成部分。制度化是指国家首先出台一系列推动创业教育发展的政策，在国家政策宏观背景下，法国高校除了变革创业创新教育的课程设置、课程体系和课程目标，还在创业咨询、创业计划和企业家精神培养等方面进行改进。为了推动法国创业创新教育的规范、有序，同时将校内创业创新向校外市场加以整合、延伸，法国高校创业教育从特殊的、不固定的模式向普遍认可的模式转化，并形成一定的制度。一体化是指产学研的一体化，从高校的创业创

---

❶ 王国鹏．"双创型"职业教育模式的国际借鉴与发展路径［J］．高等工程教育研究，2020（2）：154－158，189．

❷ 陈洪华．美国创新创业教育成功经验对我国高校的几点启示［J］．锦州医科大学学报：社会科学版，2018（3）：93－95．

❸ 水梅．美国创新创业教育课程建设研究［J］．经济研究导刊，2015（6）：252－253．叶维．美国创新创业教育课程组织的模式分析：以百森商学院、斯坦福大学、密苏里大学为例［J］．重庆广播电视大学学报，2017（2）：30－36．

❹ 郝杰，吴爱华，侯永峰．美国创新创业教育体系的建设与启示［J］．高等工程教育研究，2016（2）：7－12．

❺ 李涵．法国高校创业教育研究［D］．杭州：浙江大学，2017．

新教育领域开始，对于政府和社会及企业和科研机构的资源统一整合，从单一学科到跨学科一体化，从高校内部到外部的一体化，教学人员从学者到企业家的一体化。❶

日本的创业创新教育起步虽晚，但融合了欧美的经验，形成了自己的特色。特色之一是产学官联合教育模式，产即民间企业或非营利团体组织，他们为高校创业创新提供资金支持；学即大学、高等职业技术学院等，为创业创新提供人才、技术、方法和知识；官主要指政府出资运营的公共研发机构或组织，为创业创新提供制度保障和政策支持。❷特色之二是日本高校的创业创新社团，通过开展创业讲座活动，教授创业方法，吸引有创业想法的学生加入社团，帮助学生积累创业知识和创业技术，促进学生成功创业。特色之三是实习制度，日本政府免除企业为实习生缴纳的社保税并对实习生提供补偿金，促进企业接受学生实习，鼓励企业积极参与创业创新教育。❸

新加坡是亚太地区较早开展创业创新教育的国家，也是采用政府、高校、企业等多方参与的模式。政府除了推行"智慧国家计划"等顶层设计之外，积极举办各类创业创新大赛，不断对学生开展创业创新教育，甚至对留学生也给予创业创新政策支持，吸引创业创新人才进入新加坡从而促进创业创新发展。高校设置大量创业创新课程，注重对学生的体验式教学，广泛利用案例分析、拓展训练、角色模拟、分组讨论、计算机模拟实验等教学手段，为学生创造创业环境、实践平台；在学生和企业之间搭建桥梁，鼓励学生进入企

---

❶ 张燕妮. 法国创新创业教育的现状和启示［J］. 江苏高教，2020（9）：121-124.

❷ 朱文玉，李汝敏. 日本高校创新创业教育及对我国的启示［J］. 教育探索，2018（4）：121-125.

❸ 樊熙，徐俊杰. 美国、英国、日本高校创新创业教育现状［J］. 吉林医药学院学报，2019（6）：434-435.

业实践,感受企业创业历程;建设双创型师资队伍,聘请有创业经历和企业经营管理经验的企业人员担任创业导师,为学生提供双创动态;注重产学研一体化,高校建立专门研究机构培养未来企业家。新加坡还鼓励基金会、企业为创业创新教育投资并提供技术支持,推动成果转化及提供知识产权保护服务,企业与高校建立长期稳定合作关系,由行业专家、企业专家、技术专家、知名校友等组成创业导师团队,为学生创业创新提供专业指导。[1]

德国通过各类保障政策、激励措施,创造良好投融资环境,鼓励高校、经济界、科学界、企业界合作模式。[2] 例如,德国对学生和企业处于初创期的创业创新项目给予资金支持,为大学生提供创业创新免利息银行贷款、免征商业税、免费创业培训和辅导等。德国大部分银行和大型公司、企业都有大学生创业创新专项基金,定期对合作高校创业创新项目进行投资。[3] 德国大学的创业创新培养体系、课程体系都比较完备,涵盖创业创新意识、创业知识、创业能力、创业实践操作、企业精神、风险投资、商业发展计划等内容。[4] 在创业创新教育方面,德国同一地区高职院校与大学之间有较广泛而深入的合作,对发展潜力大的高质量创业创新项目进行重点培养。

2.1.4 关于创业创新教育效果的相关研究

为了保证培养质量,需要评价创业创新教育效果。教育评价有

---

[1] 乔娜. 新加坡创新创业教育体系的建设与启示 [J]. 世界教育信息,2019,32 (1):39-45.
[2] 杨树森. 关于高职院校创新创业教育工作的思考 [J]. 宁夏教育,2018 (4):14-16.
[3] 王敬华,赵清华. 德国政府促进创新创业的主要政策和举措 [J]. 全球科技经济瞭望,2016 (7):15-21.
[4] 刘芳宇. 美国、韩国和德国高校创新创业教育的经验及启示 [J]. 科教导刊(电子版),2019 (29):13-14.

两种范式：一是过程评价，对教育开展过程中涉及的教育要素进行评价，考察各要素的基本状况；二是结果评价，对受教育者获得的影响进行评价，考察受教育者对知识与技能、情感与行为等方面认知变化，也包括教育推动实践的成效。❶ 创业创新教育效果的评价也有两种范式：过程评价和结果评价。过程评价的本质是通过评价发现创业创新教育中存在的问题，并进行修正，以提高培养质量。通过高校创业教育过程评价及时发现内部深层次问题与原因，尤其是对质量结果有关键影响的因素进行全方位监测，进而对存在问题及时预防与精准"治疗"。❷ 郑刚、梅景瑶、何晓斌主张通过评价创业课程、创业讲座、创业竞赛、创业社团，来评价高校创业创新教育的实施情况。❸ 李亚东、朱伟文的高校创业创新教育质量评价指标包括课程设置、师资背景、教学方法、实践平台、组织领导、资金支撑、社会协同等。❹ 宋之帅、徐美波、乔宁采用模块化的创业创新教育实施过程评价指标，指标设计按照政策、教学、实践、课程、项目、专题等多要素的要求。❺ 张淑梅、刘珍根据高职院校的特点，构建了包括实践平台、师资建设、课程教授、指导服务、实践活动、创新成果、社会效益等维度的创业创新教育要素评价模型。❻

对创业创新教育进行结果评价的原因在于教育最重要的成果是

---

❶ 和震，祝成林. 高职院校创业教育的价值取向、目标及其实施策略［J］. 国家教育行政学院学报，2018（3）：83－89.

❷ 黄兆信，黄扬杰. 创新创业教育质量评价探新——来自全国1231所高等学校的实证研究［J］. 教育研究，2019（7）：91－101.

❸ 郑刚，梅景瑶，何晓斌. 创业教育对大学生创业实践究竟有多大影响：基于浙江大学国家大学科技园创业企业的实证调查［J］. 中国高教研究，2017（10）：72－77.

❹ 李亚东，朱伟文. 高校创新创业教育评价监测研究［J］. 中国高教研究，2019（1）：48－52.

❺ 宋之帅，徐美波，乔宁. 高校创业教育质量评价体系及实证研究［J］. 合肥工业大学学报（社会科学版），2012（5）：121－126.

❻ 张淑梅，刘珍. 基于CIPP的高职院校创新创业教育评价体系构建［J］. 中国职业技术教育，2017（26）：53－55,66.

从观念上改变学生的态度和价值观,使他们具备更强烈的创业意愿和创业精神,并非一定促使学生创办企业。❶ 因此,学者们从受教育者的创业态度、创业知识和技能、创业行为、自我效能感以及对创业创新教育项目的总体评价等维度来评价创业创新教育的效果。❷ 欧盟通过学生的自我评价,从创业技能、创业思维、创业知识、与教育的关联性、与未来职业生涯的关联性五个维度,评价创业创新教育成效,其中与教育的关联性主要讨论学生和老师之间的关系;与未来职业生涯的关联性则讨论学生创业行为的偏好和创办企业意愿等内容。❸ 美国创业教育联盟从促进创业思维的理念、达成创业教育的方式、实现创业成功的责任三个方面,评价创业创新教育实施成效。❹ 杜瓦尔–库伊特(Duval – Couetil)的研究将评价归为课程层面评价、项目层面评价和聚焦型工具。课程层面评价是衡量学生对特定课程或者活动的反响;项目层面评价主要衡量知识、能力、满意度等内容;聚焦型工具则衡量创业自我效能感、创业意愿、创业导向等。❺

---

❶ FAYOLLE A B, GAILLY N, CLERC L. Assessing the impact of entrepreneurship education programmes: a new methodology [J]. Journal of european industrial training, 2006, 30 (9): 701 – 720.

❷ COUETIL N D, RHOADS R T, HAGHIGHI S. Development of an assessment instrument to examine outcomes of entrepreneurship education on engineering etudents [EB/OL]. (2019 – 08 – 11) [2021 – 04 – 14]. https://www.researchgate.net/publication/224207153 (accessed 11/8/2019).

❸ MOBERG K L. FAYOLLE V A, et al. How to assess and evaluate the influence of entrepreneurship education [EB/OL]. (2021 – 07 – 01) [2021 – 07 – 14]. https://www.ffe – ye.dk/media/785741/astee – report.pdf (accessed 1/7/2021).

❹ 李亚东,朱伟文. 高校创新创业教育评价监测研究 [J]. 中国高教研究, 2019 (1): 48 – 52.

❺ COUETIL N D. Assessing the impact of entrepreneurship education programs: challenges and approaches [J]. Journal of small business management, 2013, 51 (3): 394 – 409.

2.1.5 研究述评

随着创业创新教育实践的发展和丰富，相关的研究逐渐延伸到创业创新教育领域。这些研究解决了以下问题：第一，清晰界定了创业创新教育的内涵：培养学生创新思维和创业能力；第二，全面阐释了创业创新教师能力的构成要素；第三，总结和归纳了世界上几个国家具有代表性的创业创新教育模式；第四，厘清了创业创新教育效果的过程评价和结果评价思路与方法。现有文献从不同角度对创业创新教育的探讨是本书研究的基础和起点。随着经济社会发展变化，创业创新教育也面临着新的机遇和挑战。创业创新教育实践的变化，将为理论研究提出新的论题，如数字经济发展的今天，创业创新教育在人才培养模式上需要哪些突破或调整？创业创新教育的理论是否需要补充和完善？等等，这些正是本书期望回答的问题。

2.2 高校创业创新教育的理论基础

2.2.1 创业创新教育的相关理论梳理

学者多从创新研究的理论、教育研究的理论出发，发展了关于创业创新教育的理论。这些理论主要包括"三螺旋"理论、生态系统理论、协同理论等。

1. "三螺旋"理论在创业创新教育研究中的应用

"三螺旋"理论最早应用的领域是生物学研究，1996年，美国学者亨瑞·埃茨科瓦茨（Henry Etzkowitz）和荷兰学者勒特·雷德斯道夫（Loet Leydesdorff）将其思想引入创新研究的领域中，主要考察参与创新的主体：政府、产业、高校，三者在创新过程中相互作用的关系，从而提出"三螺旋"理论（Triple Helix Theory）。❶

"三螺旋"理论中提到的创新主体分别为：高校指的是大学、科研院所以及其他的知识生产机构；产业指的是高科技创业公司、大型企业集团和跨国公司；政府包括国家层、区域层等不同层次创新政策制定机构。❷ 在创新过程中，政府、产业、高校既保持了各自传统的功能，还"扮演另外的角色"，如高校还能够充当产业的角色，在孵化器和加速器项目中推动新企业的创建。❸ 亨瑞·埃茨科瓦茨和勒特·雷德斯道夫的研究指出，政府、产业、高校三者之间的界限正在逐渐消失，相反三者之间构成一个彼此重叠交叉的创新系统，在这一系统中，高校是新知识、技术的发源地；产业是生产中心；而政府保障创新系统稳定运转。❹ 三个主体彼此间既保持相对独立，又能够进行互惠互利的有效互动，相互协调、补充和配合，形成三种力量抱成一团的螺旋上升的模式。

根据创新主体在创新过程中主导作用的不同，"三螺旋"创新模式分为三种类型：高校主导型、政府引导型和产业推动型。高校主导型的"三螺旋"创新模式由高校和科研机构主导，产业起到支撑作用，政府起到推动作用，形成具有自主创新能力的产业集群，典型代表是美国斯坦福高校科技园和硅谷。政府引导型的"三螺旋"

---

❶ 傅田，赵柏森，许媚．"三螺旋"理论下创新创业教育与专业教育融合的机理、模式及路径［J］．教育与职业，2021，980（4）：74－80．

❷ 鲍明旭．数字时代创新创业教育生态系统研究：基于三螺旋理论［J］．技术经济与管理研究，2020（10）：31－35．

❸ PIQUE J M, MIRABENT J B, ETZKOWITZ H. Triple helix and the evolution of ecosystems of innovation: the case of silicon Valley [J]. Triple helix, 2018, 5 (1): 1–21.

❹ YU C W. Understanding the ecosystems of Chinese and American entrepreneurship education [J]. Journal of entrepreneurship education, 2018, 21 (2): 1–18.

创新模式由政府主导,通过出资和立法等手段为政府、产业和高校间的合作提供法律、政策和经济上的保障,并充分调动创新主体各方的资源,提高创新创业效率,典型代表是日本筑波科学城。产业推动型的"三螺旋"创新模式由企业主导,企业是技术需求者、受益者和推动者,高校为企业创新提供力量源泉,政府微创新活动提供各项鼓励政策,以促进创新系统的发展,典型代表是英国剑桥科技园。❶

根据创新活动所处的制度环境不同,"三螺旋"创新模式可以分为两种模式:国家干预模式和自由放任模式。国家干预创新模式是基于"国家主义"对创新创业活动进行管理,在这一模式中产业和高校在创新上的合作活动受到政府的干预。自由放任创新模式是基于"市场主义"对创新活动进行管理,在这一模式中政府、高校、产业相互独立,高校和产业在创新上的合作活动不受政府的限制和干预。❷ 这两种创新模式对创新活动都有一定的抑制作用,国家干预创新模式会降低产业和高校的创新积极性,带来创新效率低下,创新效果不佳的情形;自由放任创新模式中高校、政府、产业之间的互动性不足,会导致创新活动的无序状态。❸ 因此,理想的创业创新模式应该是高校、产业和政府三者的相互协调统一,没有从属与主导的关系,都可以作为领导者或组织者存在,相互重叠、渗透,优势互补,持续产出创新成果。❹

---

❶ 赵东霞,郭书男,周维. 国外高校科技园"官产学"协同创新模式比较研究:三螺旋理论的视角 [J]. 中国高教研究,2016 (11):89-94.

❷ 张秀娥,张宝文,秦鹤. 大学生创新创业生态系统优化研究:基于三螺旋理论的视角 [J]. 财经问题研究,2017 (5):79-85.

❸ ETZKOWITZ H D, LEYDESDORFF L A. The dynamics of innovation: from national systems and "Mode" 2 to a triple helix of university – industry – government relations [J]. Research policy,2000,29 (2):109-123.

❹ 鲍明旭. 数字时代创新创业教育生态系统研究:基于三螺旋理论 [J]. 技术经济与管理研究,2020 (10):31-35.

综上所述,"三螺旋"理论主要从参与创新过程的主体以及各个创新主体之间的相互作用,创新主体在创新过程中的主导作用等方面,阐释了创新活动。严格来说,现有文献并未明确说明"三螺旋"理论如何指导创业创新教育,只是在相关研究中从某些侧面间接涉及创新教育问题。正如前文所述,创新教育只是创业创新教育的有机组成部分,并不能全面涵盖创业创新教育的内容。

2. 生态系统理论在创业创新教育研究中的应用

生态系统这一概念是英国生态学家坦斯利(Arthur George Tansley)于1935年首先提出来的,❶ 用于描述在一定的时间和空间内,生物与环境之间通过物质循环和能量流动相互作用、相互依存所构成的复杂的统一整体❷。因为生态系统中的各个部分并非孤立存在的,而是通过相互联系、相互影响形成一个复杂的体系,因此其他学科也开始借用生态系统这一理念和视角来开展相关研究。例如,20世纪30年代,芝加哥大学的一些学者在社会学研究中借用生态系统来描述社会群落结构;20世纪50年代,为了进一步探究人类社会中的环境、群落和城市之间的关系,人类生态系统开始成为生物社会学的研究对象,❸ 生态系统被广泛用于解释人类和社会系统中的各种复杂关系❹。美国教育学家劳伦斯·克雷明(Lawrence Cremin)1976年首次采用了教育生态学的概念,在《公共教育》这本书中创造性地借鉴生态学相关原理,用于研究教育在物质和精神环

---

❶ 陈少雄. 大学创业教育生态系统培育策略研究:基于广东省高校的调查分析 [J]. 教育发展研究, 2014, 3 (11): 64-69.
❷ 杨京平. 环境生态学 [M]. 北京:化学工业出版社, 2006.
❸ 徐小洲, 王旭燕. GALCHS视野下的创业教育生态发展观 [J]. 华东师范大学学报(教育科学版), 2016, 34 (2): 16-21, 111.
❹ BRUSH C G. Exploring the concept of an entrepreneurship education ecosystem [C] // Innovation pathways for university entrepreneurship in the 21st Century. UK:Emerald Group Publishing Limited, 2014: 25-39.

境的发展规律。❶

后来的学者受到教育生态学的启发，将生态系统的研究思路引入创业创新教育分析中，提出了创业创新教育生态系统的理念。凯瑟琳·邓恩（Katharine Dunn）在对比分析麻省理工学院的校外创业者和校内学生创业者的创业情形时，首次提出创业创新教育生态系统的概念。❷ 在凯瑟琳·邓恩的研究中可知，麻省理工学院的学生创业范式已经脱离了通过家族资源取得商业机会的老式企业家创业模式，并且麻省理工学院的创新创业教育和培训也早已不再局限于斯隆管理学院，而是形成了一个由数十个项目机构和创业中心共同组成的创业生态系统（entrepreneurship ecosystem），❸ 但是凯瑟琳·邓恩并没有给创业创新教育生态系统下一个明确的定义❹。

在凯瑟琳·邓恩相关研究结论的基础上，许多学者从不同方面阐释了创业创新教育生态系统的内涵。刘振亚认为创业创新教育生态系统是一个以高校为核心，创业创新教育里的各个要素及其支持体制相互作用和协调的生态系统。❺ 刘月秀给创业创新教育生态系统下了一个概括性的定义：在一定的时间和空间范围内，以建设创业型大学为基本发展目标，创业创新教育的主体大学生与影响创业创新教育发展的各生态因子之间通过信息传递、激励保障、资源互补和辐射带动等的相互作用和依存关系而形成的一个统一整体。❻ 布鲁斯（Brush）指出创业创新教育生态系统是一个开放包容的有机整

---

❶ CREMIN L A. Public education [M]. New York: Basic Books Inc. Publishers, 1976: 24.
❷ DUNN K. The entrepreneurship ecosystem [J]. Technology review, 2005 (9).
❸ 邓恩在 *The Entrepreneurship Ecosystem* 一文中提到"entrepreneurship ecosystem"一词，实际上指代的是以大学为基础、以教育为核心的创业创新教育生态系统。
❹ 李琳璐. 斯坦福大学的创新创业教育：系统审视与经验启示 [J]. 高教探索，2020 (3): 56-65.
❺ 刘振亚. 中美高校创业教育生态化培育的比较研究 [J]. 黑龙江高教研究，2013, 31 (12): 80-82.
❻ 刘月秀. 生态系统视域下美国高校创业教育探析 [J]. 中国高等教育，2012 (10): 61-63.

体，创业课程和创业研究活动居于系统中的核心位置，而文化、资源、基础设施是系统的外部构成，系统中的内外各个要素相互配合和互相影响。[1] 鲍明旭的研究则将创业创新教育生态系统定义为：以高校作为创业教育核心，创业教育主体（高校）和外部生态环境因素（政府、孵化器、企业、组织、机构等）相互作用，形成的彼此依存、共同合作、协调发展的动态平衡系统。[2]

综上所述，以生态系统理论为基础的创业创新教育的理论研究主要借鉴了生态学中系统这一概念的分析思路，解释了创业创新教育体系就像自然生态系统一样，创业创新教育生态系统的各个要素并非独立存在，它们之间存在相互作用、相互联系、相互影响的关系，整个创业创新教育生态系统呈现的状态是这些要素综合作用的结果。这一研究思路主要的贡献在于用发展、变化的视角，看待创业创新教育的过程，即在外部环境发生变化的情况下，创业创新教育的活动也会发生改变。生态系统理论对本书后续"互联网+"背景下研究创业创新教育模式的改变有理论上的启示意义。

3. 协同理论在创业创新教育研究中的应用

协同理论是研究系统的一个理论，它关注系统如何通过协同作用从无序到有序的规律。协同理论认为，每个系统都是由各个子系统构成的整体，各个子系统之间的协调性、平衡性，决定了整体系统的稳定性和发展水平。[3] 协同理论的三个核心原理是协同效应、伺服和自组织。协同效应主要阐释了系统如何从无序到有序。子系统

---

[1] BRUSH C G. Exploring the concept of an entrepreneurship education ecosystem [M]. Houston: Emerald Group Publishing Limited, 2014: 25 – 39.
[2] 鲍明旭. 数字时代创新创业教育生态系统研究：基于三螺旋理论 [J]. 技术经济与管理研究, 2020 (10): 31 – 35.
[3] 王勇, 王明强, 孟宁宁. 校地协同模式下大学生创新创业实践体系建设途径与策略 [J]. 教育评论, 2017 (7): 82 – 86.

在不同的外部扰动及内部变化影响下，相互之间产生不同的协同作用，当协调作用的影响达到质变水平时，就会促使系统由无序状态进入有序状态，即产生协同效应。伺服原理描述的则是系统内部不同变量之间的关系及发挥作用的规律。自组织原理关注的是系统内部的运行变化，它描述的是在非外部组织命令指引下，系统内部通过自发组织、协调形成新的平衡结构的作用规律。❶

高校的创业创新教育是一项复杂的工作，其过程中涉及很多参与主体和具体内容，可以说是一个系统工程。因此，不少学者受到协同理论的启发，从协同的角度来考察高校的创业创新教育系统。李双寿、李乐飞、孙宏斌等在研究高校创业创新训练体系构建时，指出高校创业创新教育体系是一个较新的系统，可以借鉴协同理论的相关原理来分析和考察。❷ 在高校创业创新教育的多元协作中，在系统内部各部分最初呈现离散的状态下，建立有效的协同机制，通过创业创新教育活动参与主体之间的沟通和协作，构建各方共同认可的最佳合作规则，有效发挥系统内部自组织功能的积极作用，提升创业创新教育的整体有效性，协同能够促成学生、社会、各方利益的实现。❸ 郭宇、牛慧、朱学荣认为，高校创业创新教育教学体系是由多元社会主体共同参与、协同推进的价值生成系统，在高校创业创新教育多元协作体系的构建中，高校是各子系统中最关键的一环，因此高校应当注重发挥自身的纽带作用，做好与政府部门、企业、社会机构、学生家庭及学生个人的多元沟通，强化协同效应的

---

❶ 崔月芝，陶芙蓉，李艳. 高校创新创业教育多元协作的价值取向与策略选择［J］. 当代教育科学，2020（6）：78-80.

❷ 李双寿，李乐飞，孙宏斌，等. "三位一体、三创融合"的高校创新创业训练体系构建［J］. 清华大学教育研究，2017（2）：111-116.

❸ 黄旭艳. 多维协同视域下职业院校创新创业教育模式探究［J］. 教育与职业，2018（6）：52-55.

发挥，着力构建有益于多方交流、多元协作的创业创新教育生态环境。[1] 采用协同理论来分析高校创业创新教育体系，并指导教育实践，可以提高创业创新教育体系的完善性，以及教育实践的有效性。[2]

综上所述，以协同理论为基础的创业创新教育的理论研究和基于生态系统理论的创业创新教育研究有类似之处，都把创业创新教育体系看成一个系统，然而协同理论视角研究的不同在于，关注创业创新教育系统的协同效应，即创业创新教育系统实现从无序到有序的动态发展规律。这是对生态理论为基础的创业创新教育研究的有益补充。通过创业创新教育系统内部的有序发展，不但实现系统内部的平衡，提高系统运作效率，对于解决创业创新教育生态系统内部的复杂问题有直接、具体的指导作用。简而言之，协同理论强调创业创新教育体系中各个要素之间的协调发展，以保障创业创新教育人才培养的高质量。

4. OBE 教育理念在创业创新教育研究中的应用

美国学者威廉姆·斯帕蒂（William G. Spady）于 1979 年提出了 OBE（Outcome-Based Education，基于成果导向的教育）教育理念。[3] OBE 教育理念是泰勒运动、布卢姆学习理论和能力本位教育理论的衍生和发展。[4] 1994 年 OBE 教育理念在美国教育界正式开始实施，从此以后，很多国家都参与到 OBE 教育理念的实践中，目前

---

[1] 郭宇，牛慧，朱学荣. 高职院校创新创业人才培养实践与探索——以内蒙古建筑职业技术学院教育教学体系建设为例 [J]. 职教论坛，2019（7）：133 – 136.

[2] 崔月芝，陶芙蓉，李艳. 高校创新创业教育多元协作的价值取向与策略选择 [J]. 当代教育科学，2020（6）：78 – 80.

[3] 王红霞，徐兴林，汤冬冬. OBE 理念视角下民办应用型高校创新创业教育探索 [J]. 教育与职业，2021，980（4）：69 – 73.

[4] 于丹，宋晓兵，李迎秋，等. 基于 OBE 的普适性创新创业课程体系探析：以大连东软信息学院为例 [J]. 高等工程教育研究，2020（2）：183 – 189.

OBE 教育理念是比较流行的高等工程教育模式。❶

威廉姆·斯帕蒂在其1994年出版的《基于成果导向的教育：关键问题及答案》(Outcome – Based Education：Critical Issues and Answers) 一书中系统而详细地阐释了OBE 教育理念、执行中的关键问题及相应的解决方法。他指出："在一个教育培养体系中……要对学生设定一个清晰的培养目标，然后依照培养目标来构建课程体系、组织课程教学、评估教学效果，并确保整个学习过程中的每个环节都服务于培养目标的达成。"由此可见，学生中心、成果导向、持续改进是该理论的三个核心组成内容。

OBE 教育理念的实施主要包括四个步骤，即定义学习产出、实现学习产出、评价学习产出和使用学习产出。❷ 根据OBE 教育理念，高校在进行创业创新教育时，需要预先设想学生毕业时应该具备什么样的创业创新能力，接着根据这一预设目标，配置教育资源并设计课程体系，然后进行教学，最后根据学生学习效果，评价人才培养质量，在培养质量基础上，改进并提升人才培养模式。OBE 教育理念坚持反向教学设计、正向实施教与学，每个环节都相互联系、相互作用、环环相扣，动态持续改进，这一模式与高校创业创新教育的目标吻合，以学生为中心，坚持成果导向，遵循学生的个性发展规律，致力于学生能力的全面培养和可持续发展。❸

综上所述，以OBE 教育理念为基础的创业创新教育的理论研究，以人才培养的结果为导向，在培养目标明确的基础上，并不限定创业创新教育的人才培养方法、教学方式，以及评价手段等，有

---

❶ 顾佩华，等. 基于"学习产出"(OBE) 的工程教育模式 [J]. 高等工程教育研究，2014 (1)：27 – 37.

❷ 郑大锋，陈砺，王秀军. OBE 工程教育理念与化工专业实践教学体系研究 [J]. 实验技术与管理，2017，34 (5)：154 – 157，160.

❸ 王红霞，徐兴林，汤冬冬. OBE 理念视角下民办应用型高校创新创业教育探索 [J]. 教育与职业，2021，980 (4)：69 – 73.

助于高校根据自身资源，进行因材施教。与前述理论相比，OBE 教育理念不以创业创新教育活动实施的主体以及主体之间的关系为研究重点，而是侧重于确定创业创新教育的目标，以及如何实施创业创新教育，以期达到目标。

2.2.2 "互联网+"背景下创业创新教育理论框架的构建

根据上述创业创新教育主要相关理论研究的梳理可知，现有研究文献分别关注了创业创新教育的以下领域：①创业创新教育体系中实施主体及各主体之间的关系；②创业创新教育体系中各个主体之间相互作用对创新创业教育的影响；③创业创新教育体系中各个子系统协同效应对创业创新教育质量的影响；④创业创新教育的目标如何反向促进创业创新教育实施。这些研究结论和成果为"互联网+"背景下创业创新教育的研究提供了丰富的理论基础和研究思路。

进入互联网经济时代后，人才市场对高校毕业生的能力要求发生变化，高校的人才培养体系和模式也需要进行与时俱进的调整和更新。相应的教育理论也需要补充和完善。前文所述的创业创新教育理论未能根据"互联网+"背景的特殊性给出有针对性的理论指导。本书将结合上述理论研究成果，提出"互联网+"背景下创业创新教育人才培养的理论分析思路。

1. 创业创新教育体系中主体及其功能

根据前述的"三螺旋"理论、创业创新教育生态系统理论可知，在创业创新教育体系中有三个主体：高校、企业和政府。三个主体在这一体系中各自的功能不同。高校是创业创新教育的直接组织者和实施者，它的主要功能是创业创新人才培养，以及创业创新教育相关理论研究，创业创新活动中的知识与技术创新与转化；企业是创业创新教育实践活动的参与者，创业创新人才的需求者和雇用者，它的主要功能是为创业创新教育提供实践场所和具体指导，通过对创业创新人才使用的实践，及时反馈对人才能力需求的信息，推广创业创新教育的成果以促进创业创新教育的发展；政府是创业创新教育开展的支持者和保障者，它的主要功能是为创业创新教育的开展制定政策，优化配置各方资源，提供相应的资金支持。高校、企业和政府三个创业创新教育的主体之间，虽然各自功能明确，各司其职，但它们的功能存在相互交叉和重叠，在相互协同中，推动创业创新教育发展。可见，创业创新教育体系是一个共生竞合、动态演化的开放复杂系统，是一种基于特定的区域环境和教育要素分配形成的纽带关系，由诸多参与创业创新的主体构成的、主体之间存在内在联系且时常发生复杂的动态交互过程。❶

创业创新教育体系中除高校、企业、政府三个主体，还存在其他要素，通过主体、各类要素的参与、互动、协同作用下，创业创新教育体系得以顺利运转，并完成创业创新人才培养的任务。表2-2概括了创业创新教育体系中主体、要素，以及它们之间的协调运作。在创业创新教育体系中还包括以下重点要素：创业创新精神和文化、创业创新支持性机构组织、创业创新课程体系、创业创新师资力量、校企合作。其中，创业创新精神和文化是激发创业灵感，催生创意点子的外部规制环境。政府通过制定有利于创业创新活动的政策，在全社会塑造和培养良好的创业创新氛围，让大学生在投身创业创新实践的过程中，创业创新的灵感和想法加速产生。创业创新支持性机构组织是促进和实践创业创新活动的平台。政府通过此类机构组织，向大学生提供培训、咨询、资源等服务，帮助创业

---

❶ 成希，李世勇. 大学创新创业教育生态系统的指标构建与权重分析 [J]. 大学教育科学，2020，179（1）：99-106.

创新的点子尽早落地，生根发芽。创业创新课程体系是开展创业创新教育的基础性环节。高校为大学生提供创业创新的理论和专业知识，通过创业创新课程的学习和实践，使学生获得创业创新的理论知识和相关体验，❶ 培育学生创业创新能力，促进创意的产生。创业创新师资力量是决定人才培养质量的重要因素。高校的创业创新课程教师通过课堂教学、模拟实验教学等活动，实践创业创新人才培养活动。校企合作是创业创新教育最终落地的重要环节，也是检验和改进创业创新教育质量的环节。企业通过吸收和转化高校的创业创新成果，让成果进入市场接受检验。同时，企业聘用高校培养的创业创新人才，在人才使用过程中，发现人才能力与市场需求的错位，并反馈给高校，让高校适时调整人才培养模式，提高人才培养质量。

表 2-2 创业创新教育体系的主体、要素及其作用

主体	要素	作用
政府	创业创新精神与文化	制定政府利于创业创新活动的规制，以便培养良好的创业创新社会氛围，加速创业创新想法的产生
	创业创新支持性机构组织	政府通过创业创新支持性机构组织，提供项目培训、咨询服务、平台支持、资源供给等全方位的服务，使创意落地
高校	创业创新课程体系	高校为大学生提供有关创业创新的专业知识，培育其创业创新能力，促进创意的产生
	师资力量	高校创业创新师资力量通过传道授业解惑，实施创业创新人才培养活动，师资力量是决定人才培养质量的重要因素

---

❶ 李琳璐. 斯坦福大学的创新创业教育：系统审视与经验启示 [J]. 高教探索，2020 (3)：56-65.

续表

主体	要素	作用
企业	校企合作	企业吸收和转化高校的创业创新成果，使其进入市场接受检验； 聘用高校培养的创业创新人才，并反馈对人才能力需求的变化

资料来源：李琳璐. 斯坦福大学的创新创业教育：系统审视与经验启示［J］. 高教探索，2020（3）：58.

2. 创业创新教育体系的三维结构

创业创新教育体系的结构包含宏观、中观、微观三个维度。宏观维度是国家层面的创业创新教育体系；中观维度是高校内部的创业创新教育体系；微观维度是创业创新的课程与教学体系。

（1）宏观维度——国家层面创业创新教育体系。国家发展创业创新教育的大背景是建设创新型国家，发展创新型经济。在此背景下，国家层面创业创新教育体系主要根据国家创业创新的战略，进行整体布局，全盘统筹社会资源，通过创业创新政策及政府对创业创新教育的支持，通过区域创业创新市场经济、创新产业的发展，自上而下为创业创新教育营造良好的氛围，逐渐形成集群效应，最终建成鼓励创业创新教育的规制环境。

（2）中观维度——高校内部创业创新教育体系。高校内部创业创新体系分为管理和教学两部门，管理部门主要包括创业学院、创业孵化平台、技术转移部门等；教学部门包括实施创业创新课程教学的各个学院。管理部门一方面，协调校内创业创新者；另一方面，对接资源提供者，包括教学科研团队人员和校友、投资人、企业家等咨询指导人员。所有参与主体通过组织和周围环境互动交流，形

成校企合作、成果转化、评价激励等各种机制。❶

（3）微观维度——高校创业创新课程教学体系。课程教学是创业创新教育的基础。按照创业创新教育生态系统理论，在高校创业创新课程教学体系中，教师和学生不仅仅是单纯的传授知识和接受知识的关系，还是相互促进、相互塑造的成长体。除了第一课堂，高校创业创新课程教学体系还包括创新创业竞赛、论坛讲座、实习实训等第二课堂内容。教学方式的选择、师资队伍的水平、学科研究的支撑等对大学创业创新课程教学体系有着重要影响。

（4）创业创新教育体系三维度的关系。创业创新教育体系的三个维度是紧密联系，相互作用的。作为微观维度的高校创业创新课程教学体系是整个体系的核心层。通过第一课堂、第二课堂传递创业创新知识，在课堂教学、课外实践活动中传递创业创新精神，培养创业创新能力，激发创业创新意识。作为中观维度的高校内部创业创新教育体系是连接宏观维度和微观维度的"桥梁"。通过高校内部创业创新教育体系相关部门的运行，实现创业创新知识向高校外部的传播、转化及应用，运用后的结果反馈回大学内部，通过高校创业创新课程教学体系实现完善和调整。作为宏观维度的国家层面，创业创新教育体系是整个体系的保障层，为中观维度、微观维度体系的顺畅运转提供良性外部环境，并针对中观维度、微观维度体系运行情况进行调整，以保证整个创业创新教育体系良好运转。在整个创业创新教育体系中，三个维度的构建不是割裂的，其内在要素是彼此交叉、互融互通的。例如，师资队伍是高校创业创新课程教学体系中的一个重要因素，但又在高校内部创业创新教育体系中担任重要角色，而且教师作为一个群体，其言行、心态及精神面貌影响整个高校创新创业教育文化，又成为国家层面创业创新教育体系

---

❶ 刘文杰. 我国高校创业生态系统的现实困境及其超越［J］. 高校教育管理，2020，14（5）：68-75.

中一个重要内容。三个维度在动态相互作用和影响中，促进创业创新教育的发展。

3. "互联网+"背景下创业创新教育体系的运行

创业创新教育是"适应经济社会和国家发展战略需要而产生的一种教学理念与模式"❶。创业创新教育要符合时代对人才的需求，在满足经济社会发展的基础上培养人才。因此，创业创新教育体系需要顺应数字经济发展，进行相应的调整和完善。借鉴安美忱描述的大学创业创新教育生态系统，本书"互联网+"背景下创业创新教育体系如图2-1所示。❷ 该创业创新教育体系通过两条路径实现创业创新能力培养和提升的目标。一条是教学路径，主要通过第一课堂学习平台，依靠校内专任老师的创业创新理论教学，启蒙学生的创业创新意识，并了解创业创新理论，从而养成创业创新素养并掌握相关技能；另一条是实践路径，主要通过第二课堂参与平台、虚拟仿真试验平台、创客空间实践平台，依靠校内专任教师、校外创业导师、数字技术的师资，开展创业创新实践活动，具体包括让学生观摩和参与"互联网+"创业创新大赛，操作创业创新仿真试验，通过创客空间为学生的创意萌芽成长提供"孵化器"。

"互联网+"背景下创业创新教育体系不仅合理配置高校内部资源，还将外部资源引入大学创业创新教育体系中。首先，就师资而言，数字技术师资包括校内和校外掌握数字技术的老师，在教学平台、实践平台上指导学生；校外创业导师主要在学生参加"互联网+"创业创新竞赛、创业创新活动孵化等方面指导学生；校内专

---

❶ 教育部. 关于大力推进高等学校创新创业教育和大学生自主创业工作的意见［EB/OL］. (2011-05-28) ［2021-06-28］. http://old.moe.gov.cn/publicfiles/business/htmlfiles/moe/s5672/201105/xxgk_120174.html.

❷ 安美忱. 高校创新创业教育"立体化"新模式研究［J］. 黑龙江高教研究, 2020, 318 (10): 108-113.

任老师给学生创业创新的理论指导。其次，就支撑平台而言，第二课堂、创客空间等实践平台，高校需要加强和校外的企事业单位合作，借助它们的资源和经验，提高实践活动的有效性。最后，就整个创业创新教育体系而言，国家鼓励创业创新政策和扶持措施，营造浓郁的创业创新氛围，活跃整个社会的创业创新活动。

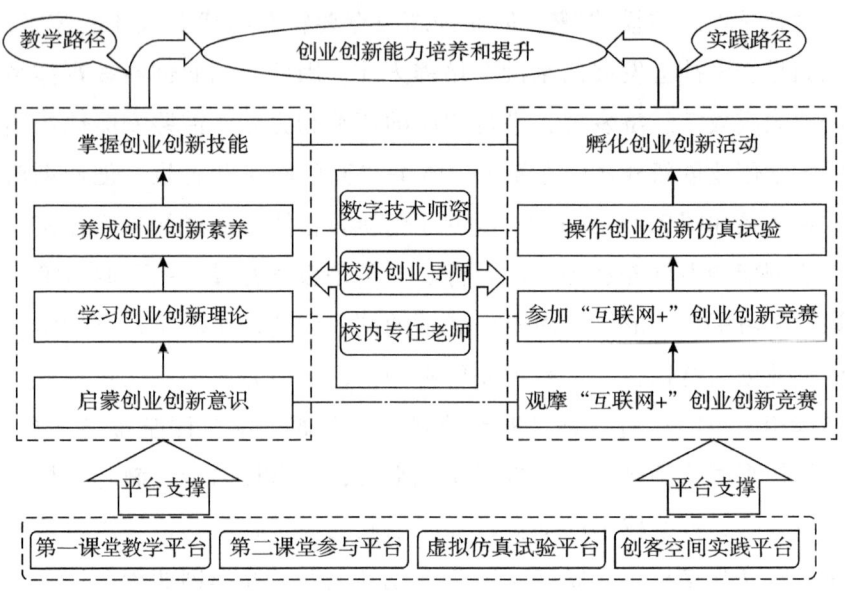

图 2-1　"互联网+"背景下创业创新教育体系

资料来源：安美忱. 高校创新创业教育"立体化"新模式研究 [J]. 黑龙江高教研究，2020（10）：109.

4. 创业创新教育体系中要协调的关系

（1）创业与创新的关系。创新是产生新事物、新思想的人的思维和实践活动过程，主要包括知识创新、技术创新及智力创新；创业是开创新事业的活动，是一种劳动方式。创新是创业的基础、创业是创新的载体。一方面，创业实践活动必然包含创新：创业起源于创新意识，创新贯穿于创业实践活动的整个过程；另一方面，创业实践活动成果所吸取的经验教训又会促进创新,通过创业实践活动提升创新能力和水平。❶ 因此,在创业创新教育体系中应注意:其一,避免重视理论教学,忽略实践活动;其二,教学路径上避免重创新教育,轻创业教育;其三,实践路径上避免重虚拟仿真试验,轻创客空间与竞赛;其四,师资培养中避免重专任老师,轻创业导师。

(2) 创业创新教育和专业教育的关系。创业创新教育与专业教育是互补关系。创业创新教育以专业知识为基础,重在培养首创精神、冒险精神、创业能力、独立工作能力及技术、社交和管理技能。专业教育传授的理论、知识、技术、技能需要与时俱进,这是一个创新的过程。因此,在创业创新教育体系中应注意:其一,避免创业创新教育和专业教育相互脱节;其二,理论教学上实现创业创新教育和专业教育的融合;其三,实践活动中注重引导学生在创业创新过程中运用专业知识;其四,通过制度调整,实现学生科技创新、学科竞赛、发明创造、学术研究与论文以及创业实践等创业创新学分与专业课程学分互通互换,搭建学生学业水平多元化评价体系。

(3) 高校教育与社会支持的关系。创业创新教育的特殊性是理论与实践并重,且需要从理论到实践再回到理论又进行实践的多次反复循环。所以,创业创新教育不是单纯高校教育,需要社会支持。无论是引导学生创业意识的萌发还是帮助学生创业项目的甄选、实施,都不是单凭高校教育就可以全部实现的。因此,在创业创新教育体系中注意:其一,体系中的主体职责明晰,政府提供政策支持、搭建平台,企业深入参与指导学生创业创新的实践活动,高校与企业要紧密互动;其二,理论课堂上可以邀请企业人士分享创业创新感悟,参与高校创业创新理论教育中;其三,实践活动中重视社会

---

❶ 余昌海. 深化高校创新创业教育改革须正确处理好四对关系 [J]. 教育理论与实践, 2020, 40 (24): 16-18.

支持，利用政府搭建的平台，借助企业提供的实践机会，充分培养和锻炼学生的创业创新的实操能力；其四，高校教育和社会支持之间要建立双向反馈机制，以促进及时调整创业创新理论和实践教育，适应经济社会发展的新变化。

总而言之，"互联网＋"创业创新教育体系推动学校、学生、互联网和社会资本高度融合，形成创业创新教育"线上＋线下"共同体，积极整合专兼职教师、知名校友、企业CEO和互联网等资源，通过理论授课、实践教学、互联网模拟和创客空间实战等方式，构建创业创新理论教学和实践操作教学双轮驱动的教育体系，实现学生理论知识学习和实践技能掌握双推进、双提升。[1]

2.3　本章小结

本章对国内外关于创业创新教育的文献进行了回顾，并在此基础上根据数字经济发展对创业创新人才的要求，提出了"互联网＋"背景下创业创新教育的理论框架。这一理论框架包含政府、企业、高校三个主体，每个主体在各司其职的基础上，通过创业创新教育体系的三个维度相互影响和作用，共同完成创业创新人才培养的目标。

---

[1] 安美忱. 高校创新创业教育"立体化"新模式研究［J］. 黑龙江高教研究，2020，318（10）：108－113.

第 3 章
"互联网+"背景下创业创新能力的变化

3.1 传统经济形态下创业创新能力的内涵和特征

创新有许多不同的定义和量化分析方式。最早提出创新概念的是熊彼特，他在《经济发展理论：对利润、资本、信贷、利息和经济周期的探究》一书中分析了创新在经济发展中的作用。他认为："创新是在经济活动中引入新的思想、方法以实现新的生产要素组合，包括产品、工艺、市场、原料与管理创新等要素。熊彼特为此提出了五种创新类别，具体有新产品、新生产方法、开拓新市场、发展新的供应来源和新的企业组织方式。"❶

熊彼特的创新概念逐渐获得各界的重视与探讨，索洛（Solo）在《在资本化过程中的创新：对熊彼特理论的评述》一文中进一步

---

❶ 熊彼特. 经济发展理论：对利润、资本、信贷、利息和经济周期的探究 [M]. 叶华，译. 北京：九州出版社，2007.

提出"新思想的来源和后阶段的实现发展"❶作为技术创新成立的两个条件，此观点被认为是技术概念界定研究中的里程碑。由此，创新从强调新技术的首次商业化，向多种学科领域发展，涉及哲学、社会学、管理学等多种学科。1985年，彼得·德鲁克（Peter F. Drucker）在其《创新与企业家精神》书中，强调系统化创新的必要性。他认为创新是赋予资源以创造财富的新能力，创新并非临机一动的想法，而是可以训练、可以学习的。至1988年，经济合作与发展组织（Organization for Economic Cooperation and Development，OECD）把创新定义为发明首次被商业应用。

从文献可见，创新概念在历史演进的过程中涉及的范围广泛而深远，从体系、体制与制度的创新，企业管理、市场与技术的创新，到战略创新、政策创新、组织创新、文化创新、观念创新及教育创新，不一而足。这也意味着，随着社会经济的发展和转换，我们必须从历史的关联性出发，关注创新的本质问题，检视传统经济形态下创业创新能力的内涵与特征。

在传统经济形态下，通常依赖于产品自身的生产、组织与发展，着眼于经营业绩的高低，以营销做营销，注重利润直接可见的交易模式。传统经济形态下多通过广告来创立品牌，但自身缺乏对客户满意度的标准。以生产型企业为典型的传统企业的利润可以用公式简单表述为：利润＝商品数量×（价格－平均成本）。由此可见，传统企业的利润是基于其所提供的产品或服务，受数量、成本和价格三个主要因素的影响。传统的范围经济是在平行供给多产品可以通过降低总成本（平均成本）而获取更多的利润。❷同时，传统经济

---

❶ SOLO C S. Innovation in the capitalist process: a critique of the schumpeterian theory [J]. The quarterly journal of economics, 1951, 65 (3): 417–428.

❷ 杨新铭. 数字经济：传统经济深度转型的经济学逻辑 [J]. 深圳大学学报（人文社会科学版），2017, 34 (4): 101–104.

模式表现为"劳动者—企业—消费者"的相互关系。在传统经济模式中，劳动者与传统企业之间存在雇佣关系，而且主要由企业承担了投资功能，企业的有形资产规模大。传统企业是产品与服务的生产者，企业职能的重点在如何合理安排资源进行生产或提供服务产品。❶

依据传统经济模式的分析，在此形态下的创业创新能力只能是在依靠增加物质资源耗损经济增长的模式下，建立以规模化、模式化与标准化，讲求效率和层次化的经济形态的创业能力。其特征是建立在资源驱动经济基础上，以高污染、高排放的粗放型经济增长方式为背景，创业创新能力的发挥更多只能依靠劳动力、生产原材料和资金等生产要素。

3.2 "互联网+"背景下创业创新能力的内涵和特征

在 2015 年《政府工作报告》中，李克强总理首次提出了"互联网+"的行动计划。现代化信息技术快速发展的背景下，"互联网+"与现代制造业结合发展的时代到来，推动物联网、云计算、大数据等步入新形态，围绕"大众创业、万众创新"的创新 2.0 应运而生。"互联网+"创业创新能力即指利用信息通信技术及互联网平台，充分发挥互联网在创业创新中的作用，促使其与传统产业进行深度融合，加快形成实体经济与虚拟经济密切结合，创造推动以互联网为依托载体的实体经济进一步发展的能力。这种能力一旦形成，会进一步提升全社会的创新力和生产力，创新经济发展形态会

---

❶ 刘根荣. 共享经济：传统经济模式的颠覆者［J］. 经济学家，2017（5）：97-104.

逐渐显现。

截至 2020 年 3 月，中国互联网络信息中心统计报告显示："我国网民规模达 9.04 亿，较 2018 年年底增长 7508 万，互联网普及率达 64.5%，较 2018 年年底提升 4.9%。"❶"互联网＋"加速与产业融合，"数字经济成为发展新引擎。在坚定不移贯彻创新、协调、绿色、开放、共享的新发展理念指引下，我国数字经济发展快速发展，规模已达 31.3 万亿元，位居世界前列，占国内生产总值（GDP）的比重达到 34.8%"❷。

"互联网＋"的发展过程正是传统产业转型升级的过程，它改变了传统的经济模式，包括对企业盈利模式、市场概念的重塑以及对市场配置资源的决定性作用。有学者将"互联网＋"背景下的创业作为一种新的创业形式，通过创业过程中与数字技术有关的新机会识别与利用过程，丰富了传统创业内涵结构，重构创业资源获取过程和创业治理方式，丰富了数字化生存的赋权本质。以数字技术为代表的新型创业形式为开放技术共建、构建共享平台、塑造智能化交互场景以及协调价值动态分配等方面提供了载体，为丰富社会问题解决方案、降低社会资源整合门槛、构建信任网络及衡量社会影响力提供了有效的解决途径。❸

综上所述，"互联网＋"背景下创业创新能力的特征是建立在经济发展方式从资源驱动阶段向创新驱动阶段变化上。创业者能力的发挥更多依靠先进的信息科学技术、管理与全面提升的劳动人员素质。

---

❶ 中共中央网络安全和信息化委员会办公室，中华人民共和国国家互联网信息办公室，中国互联网信息中心. 第 45 次中国互联网络发展状况统计报告［EB/OL］.（2020 - 04 - 27）［2021 - 05 - 15］. http：//www. cac. gov. cn/2020 - 04/27/c_1589535470378587. htm.

❷ 中共中央网络安全和信息化委员会办公室，中华人民共和国国家互联网信息办公室，中国互联网信息中心. 第 45 次中国互联网络发展状况统计报告［EB/OL］.（2020 - 04 - 27）［2021 - 05 - 15］. hhttp：//www. cac. gov. cn/2020 - 04/27/c_1589535470378587. htm.

❸ 刘志阳，赵陈芳，李斌. 数字社会创业：理论框架与研究展望［J］. 外国经济与管理，2020，42（4）：3 - 18.

3.2.1 创业的内涵及特征

相对创新在历史演化进程中的多种解释，创业最初定义首先与创业家、创业精神密不可分，创业者独特的人格特质，成为创业研究中的关键问题。例如，霍纳迪（Hornaday）等把企业家精神定义为理想实现、自主、进取、权力取向、机会识别和创新；蒂蒙斯（Timmons）将企业家精神定义为自信、目标导向、适度冒险、创造和发明者；塞克斯顿（Sexton）将企业家精神定义为精力充沛、有雄心、勇敢面对挫折等。[1] 类似定义的视角，多从创业进行的社会学研究出发，关注如何促进新的经济行为。基本上，研究者将创业者人格特质对创业产出的影响作为研究重心，从不同视角探究创业者不同的人格特质对创业活动造成的间接作用。近年来，创业精神在欧洲联盟、全球经济论坛、世界银行、经济合作与发展组织的倡议下，2004年7月经济合作与发展组织成立了从"创业精神·中小企业与本地开发中心"新单位。

也有学者从认知心理学视角切入，提出创业习得概念，认为创业习得本身是一种经验过程，其中的代表之一为波利蒂斯（Politis）。他在总结以往文献基础上，发现过往研究者多数认为创业经验对创业者是很有帮助的，但其建构的模型指出，由以往的经验形成创业知识实际上需要一个转化过程（见图3-1）。在转化的过程中，成功者往往拥有将信息或概念转变成新创意的能力，这种能力被认为是创业学习中的关键。

彼得·德鲁克认为创业是一种行为而非个人性格特征，创业创新人才并非天生，而是可以通过后天培养，由此可见创业教育具有

---

[1] 葛兆强. 商业银行成长：制度、技术与文化 [M]. 北京：中国金融出版社，2009：226.

十分重要的意义。创新强调的是新发明、新产品或新技术的首次商业化，创业指的是创新技术或产品的进一步商业化拓展和持续发展。创业是在创新的过程（习惯、态度）中，新产品或新服务的机会得以被确认、创造与开发，从中产生财富。创新是创业的特质，创业是创业创新的目标。

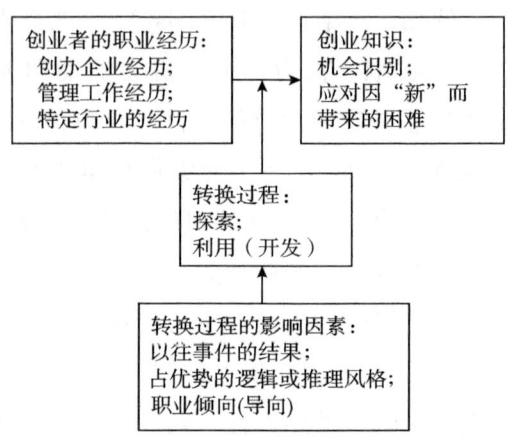

图 3-1　Politis 创业学习过程的概念模型

资料来源：倪宁. 创业学习研究：从知识创造到资源获取 [M]. 上海：上海交通大学出版社，2015：7.

3.2.2　创业教育的内涵

在 1989 年 11 月的"面向 21 世纪教育国际讨论会"上，创业教育（Entrepreneurship Education）首次被提出。与会代表认为未来人应该掌握能从事学术研究的学术性"护照"；具备创业能力的创业性护照；能胜任具体职业岗位的职业性"护照"，即第三本教育"护照"。代表们"要求把事业心和开拓技能教育提高到目前学术性和职业性教育所享有的同等地位"❶。

1991年,联合国教科文组织在东京召开的会议上对创业教育做了广义和狭义的区分。相对而言,狭义的创业教育被认为是增收培训是为目标人口,特别是那些贫困人口提供急需的技能、技巧和资源,使他们能够自食其力。很多研究者认为创业教育的狭义概念存在不足之处,强调小企业创建使创业教育失去对教师、学生家长和学生的吸引力,容易遭到来自教师和学生的抵制。❷

针对联合国教科文组织从广义与狭义上区分创业教育,牛长松认为现在的高等学校要将创业教育的目标提升一个新的层次,同时要将其与学术研究和职业教育视为并享有同等重要的地位。❸谢芳认为,高校创业教育除了传授学生创业知识、训练学生创业技能外,还要让学生在非智力方面得到全面发展,如精神、意志、理想等方面。❹

2010年5月4日,教育部在《关于大力推进高等学校创业创新教育和大学生自主创业工作的意见》中指出:"创业创新教育是适应经济社会和国家发展战略需要而产生的一种教学理念与模式。创业创新教育要面向全体学生,融入人才培养全过程。要在专业教育基础上,以转变教育思想、更新教育观念为先导,以提升学生的社会责任感、创新精神、创业意识和创业能力为核心,以改革人才培养模式和课程体系为重点,大力推进高等学校创业创新教育工作,不断提高人才培养质量。"❺

---

❶ 郑炳章,刘德智,吴弘. 创业计划及其竞赛的研究、应对与启示:大学生创新、创业教育的探索与实践 [M]. 北京:中国大地出版社,2005:11-12.
❷ 牛长松. 英国高校创业教育研究 [M]. 上海:学林出版社,2009.1,45.
❸ 陈斌. 创新思维与创业教育 [M]. 长春:吉林文史出版社,2017:104.
❹ 谢芳,伍丽. 大学创业教育的再思考 [J]. 江苏高教,2020 (4):91-95.
❺ 中华人民共和国教育部. 教育部关于大力推进高等学校创新创业教育和大学生自主创业工作意见 [EB/OL]. (2010-05-13) [2021-05-15]. http://www.moe.gov.cn/srcsite/A08/s5672/201005/t20100513_120174.html.

2012年8月，教育部办公厅下达关于印发《普通本科学校创业教育教学基本要求（试行）》（简称《基本要求》）的通知，指出："在普通高等学校开展创业教育，是服务国家加快转变经济发展方式、建设创新型国家和人力资源强国的战略举措，是深化高等教育教学改革、提高人才培养质量、促进大学生全面发展的重要途径，是落实以创业带动就业、促进高校毕业生充分就业的重要措施。"❶《基本要求》强调："各高校要把创业教育教学纳入学校改革发展规划，纳入学校人才培养体系，纳入学校教育教学评估指标，建立健全领导体制和工作机制，制订专门计划，提供有力教学保障，确保取得实效。各高校应创造条件，面向全体学生单独开设'创业基础'必修课；明确职能部门，负责研究制定创业教育教学工作的规划和相关制度，统筹协调和组织学校创业教育教学工作；根据专任为主、专兼结合的原则，按照学生人数以及实际教学任务，合理核定专任教师编制，配备足够数量和较高质量的创业教育专任教师。"❷

2014年11月26日，联合国教科文组织中国创业教育联盟在杭州成立，联盟的目标是创建世界一流，引领我国创业型社会建设与创业人才培养的高端复合平台。中国联合国教科文组织全国委员会秘书长杜越强调，创业教育在当今以信息化为标志的全球化时代，要定位于挖掘学习者的个人潜能，使每个人都成为社会发展的积极参与者和受益者。浙江大学校长林建华认为，中国教育要从过去以知识为中心的教育转变为以学生和学习为中心的教育，创业创新教育是重要途径。教育部国家教育发展研究中心主任张力提出创业教

---

❶ 中华人民共和国教育部. 教育部印发《普通本科学校创业教育教学基本要求（试行）》[EB/OL]. (2012-08-13) [2021-05-15]. http://old.moe.gov.cn//publicfiles/business/htmlfiles/moe/s5987/201208/140716.html.

❷ 中华人民共和国教育部. 教育部印发《普通本科学校创业教育教学基本要求（试行）》[EB/OL]. (2012-08-13) [2021-05-15]. http://old.moe.gov.cn//publicfiles/business/htmlfiles/moe/s5987/201208/140716.html.

育需要关注的四个问题。首先，创业教育的定位应该是系统学习和职场之间的纽带，是架起两者沟通的桥梁；其次，创业教育应该具有广泛的覆盖范围；再次，创业教育要关注地区平衡。最后，创业教育要灵活多样。在创业教育的运作方式上，各个高校应该既有规定动作，也有自选动作，在刚性和放任之间寻求平衡，使之更好地灵活搭配。❶

综上所述，"创业基础"课程进入本科必修课程，本科高校的创业创新教育，成为当前教育研究的热点。高校的创业创新教育目标在于培养具有创业素质、开创个性的人才。创业素质包括创业意识、精神与能力，其中培养创新思维，锻炼创业能力是核心。

3.3 "互联网+"对创业创新教育的影响

2016年，中国互联网信息中心《国家信息化发展评价报告》显示，"互联网+"不断促进商务应用跨界融合，"互联网+"的过程是数字中国和现实社会共振融合的过程。互联网在经济社会各领域深度应用，不仅能够改造传统产业、发展新兴业态，也是重构创新体系、激发创新活力。❷

2016年7月，中共中央办公厅、国务院办公厅发布了《国家信息化发展战略纲要》，从完善教育信息基础设施和公共服务平台、建立网络环境下开放学习模式、吸纳社会力量参与大型开放式网络课程建设，支撑全民学习、终身教育等方面提出了推进教育信息化的

---

❶ 联合国教科文组织中国创业教育联盟成立[J]. 复旦教育论坛，2015，13（1）：2.
❷ 中共中央网络安全和信息化委员会办公室，中华人民共和国国家互联网信息办公室，中国互联网信息中心. 国家信息化发展评价报告（2016）[EB/OL]. （2016-11-18）[2021-05-15]. http：//www.cnnic.cn/hlwfzyj/hlwxzbg/hlwtjbg/201611/t20161118_56109.htm.

具体要求。"互联网+"带给教育领域的机遇与挑战以及教育在理论与实践中应有的改革与创新，成为学界关注的重要问题。❶

就创业创新教育领域观之，"互联网+"给教育带来前所未有的变革，将为其带来多层次、多面向、高标准的深远影响，驱动教育在时间与空间上的延展。其中，包括创业创新能力教育教学模式的创新，即从教学内容、方法与管理等全方位的深刻变革。

3.3.1 "互联网+"对创业创新教育内容的影响

2015年5月4日，国务院办公厅印发《关于深化高等学校创业创新教育改革的实施意见》，文件中指出："高校创业创新教育存在一些不容忽视的突出问题。主要是一些地方和高校重视不够，创业创新教育理念滞后，与专业教育结合不紧，与实践脱节；教师开展创业创新教育的意识和能力欠缺，教学方式方法单一，针对性实效性不强；实践平台短缺，指导帮扶不到位，创业创新教育体系亟待健全。在健全创业创新教育课程体系上，要求各地区、各高校要加快创业创新教育优质课程信息化建设，推出一批资源共享的慕课、视频公开课等在线开放课程。建立在线开放课程学习认证和学分认定制度。组织学科带头人、行业企业优秀人才，联合编写具有科学性、先进性、适用性的创业创新教育重点教材。"❷

2016年，在国务院办公厅先后颁布了《关于加快众创空间发展服务实体经济转型升级的指导意见》《关于建设大众创业、万众创新示范基地的实施意见》两份重要文件之后，同年10月14日，教育

---

❶ 教育研究编辑部. 2016中国教育研究前沿与热点问题年度报告［J］. 教育研究，2017，38（2）：12-25.

❷ 国务院办公厅. 国务院办公厅关于深化高等学校创新创业教育改革的实施意见［EB/OL］.（2015-15-13）［2021-05-15］. http：//www.gov.cn/zhengce/content/2015-05/13/content_9740.htm.

部在华中科技大学召开深化高校创业创新教育改革经验交流会。会上教育部党组成员、副部长林蕙青强调,要坚持目标导向和问题导向,全力以赴,持续努力,把深化高校创业创新教育改革推向深入,进一步提高人才培养质量,为服务创新驱动发展、促进大众创业、万众创新提供更加有力的人才智力支撑。为此,要求加快修订培养方案、完善课程体系、推进教学方法改革、强化创业创新实践等。

据中国互联网络信息中心,第45次《中国互联网络发展状况统计报告》统计,2015年12月,我国在线教育用户规模1.1亿,占网民整体的16%,而截至2020年3月,我国在线教育用户规模达4.23亿,较2018年底增长2.22亿,占网民整体的46.8%。有学者认为:"人工智能带来了教育样态之变。以翻转课堂、慕课等为形式,自适应学习等方式,基于互联网和人工智能的教学模式,突破了学习时间和空间的限制,也促进了学生学习的自主性和合作性。"❶ "互联网+"时代促进了高校传统课程改革的深化,灵活运用线上线下教学,可克服传统教学内容单一,只重理论灌输而使创业创新教育与专业课程脱节的弊端。同时,针对创业创新教学体系,加大对受教育者创业创新能力培养,并不断加强在实践教学操作环节的指导,达至"知行合一"。譬如,2020年2月12日,根据国务院联防联控机制新闻发布会数据显示,新冠肺炎疫情期间,多个在线教育应用的日活跃用户数达到千万以上。教育部组织推出22个线上课程平台,开设2.4万个在线课程,为普通高等学校在新冠肺炎疫情期间停课不停教、停课不停学提供了有利保证。当然,也有学者认为:"以可视化、线上线下混合学习等多种教育样态则更有利于提高教育的覆盖面,从而使人工智能的愿景是改善学习和促进教育公平的目

---

❶ 钟秉林. 人工智能怎样颠覆传统教育[J]. 教育发展研究,2019(7).

的得以实现。"❶

当然，人工智能给当下高校的创业创新教育带来了内容与方法之变。当智能机器以大数据的形式解决许多信息和记忆问题时，知识教育由于数量过剩、变化太快、性格凸显面临更多的冲击。❷ 当下创业创新教育仍然面对诸多的挑战，如有学者指出当前高校对创业创新信息源整合仍不足，信息采集的质量不高；创业创新信息分析的过程缺乏智能化，信息分析的深度不够，制约了创业创新教育创造机会的可能性。因此，仍需继续深化"互联网+"下创业创新教育改革，尤其在教学方法上，如在课程学习方面，大数据通过丰富课程素材的数据源，可以创新课堂学习的模式，拓展创业创新决策主体的思维，提升其反应能力；在实践训练方面，大数据技术可建立丰富的创业创新数据库，通过案例分析培养创业创新主体制订决策方案的能力，完善创业创新教育体系。❸

3.3.2 "互联网+"对创业创新教育手段的影响

2015年5月，国务院办公厅下发《关于深化高等学校创业创新教育改革的实施意见》，提出了改革教学方法与相应措施，"建设创业创新平台，增强支撑作用。运用大数据技术，掌握不同学生学习需求和规律，为学生自主学习提供更加丰富多样的教育资源"❹。

2017年7月，国务院颁布《新一代人工智能发展规划》，文件

---

❶ 任友群，等. 促进人工智能教育的可持续发展 [J]. 现代远程教育研究，2019 (5).
❷ 余清臣. 人工智能时代的知识教育 [J]. 人民教育，2019 (9).
❸ 郑石明. 大数据驱动创业创新教育变革：理论与实践 [J]. 清华大学教育研究，2016，37 (3)：65-73.
❹ 国务院办公厅. 国务院办公厅关于深化高等学校创新创业教育改革的实施意见 [EB/OL]. (20156-05-13) [2021-05-15]. http://www.gov.cn/zhengce/content/2015-05/13/content_9740.htm.

就智能教育方面提出:"利用智能技术加快推动人才培养模式、教学方法改革,构建包含智能学习、交互式学习的新型教育体系。开展智能校园建设,推动人工智能在教学、管理、资源建设等全流程应用。开发立体综合教学场、基于大数据智能的在线学习教育平台。开发智能教育助理,建立智能、快速、全面的教育分析系统。建立以学习者为中心的教育环境,提供精准推送的教育服务,实现日常教育和终身教育定制化。"❶ 人工智能带来了教育巨大的变化,宁虹认为:"教育环境之变,人工智能技术的发展能够创造更好的带有智能化形式的教育环境,这是以往的教育形式所不具有。"❷ 李政涛提出:"把师生关系转变为三维关系,即人—机—人的关系。教育者和受教育者的内涵被重新定义:教育者既可能是人,也可能是机器。"❸

响应国家高校创业创新教育改革的号召,当前普通高校逐步通过在创业创新教学中引入互联网技术,加大对校园网络软硬件的投资力度,促进了高校教学手段的创新与革新。尤其是在移动互联网技术迅猛发展的作用和影响下,以5G、App等为代表的先进网络信息传输技术、软件相继出现,为高校创业创新教育建构大型网络数据库提供了可能,进而拓展了受教育者获取信息的渠道。对比传统的创业创新教育,学生需要通过去图书馆查找资料来寻找答案,而现在的学生随时用手机从网络中搜索一下,便可得到想要的答案或资料。因为智慧教学资源的建设,能通过自动分类与编目、检索与导航、汇聚与策展、共享与推送等方式实现跨终端获取和应用的资源。

---

❶ 国务院. 国务院关于印发新一代人工智能发展规划的通知 [EB/OL]. (2017 - 12 - 26) [2021 - 05 - 15]. http://www.cac.gov.cn/2017 - 12/26/c_1122166495.htm.

❷ 宁虹,赖力敏. 人工智能 + 教育:居间的构成性存在 [J]. 教育研究,2019 (6).

❸ 李政涛,罗艺. 智能时代的生命进化及其教育 [J]. 教育研究,2019 (11).

3.3.3 "互联网+"对创业创新教育管理的影响

2018年6月,国家市场监督管理总局中国国家标准化管理委员会公布国家标准文件《智能校园总体框架(GB/T 36342—2018)》,对如何部署智慧校园的总体架构,实现智慧教学环境,构建智慧教学资源,部署智慧教学管理系统,构建智慧教学服务等进行了明确规范(见图3-2)。总体框架包括基础设施层(校园信息化基础设施、数据库与服务器),支撑平台层(数据交换、数据处理、数据服

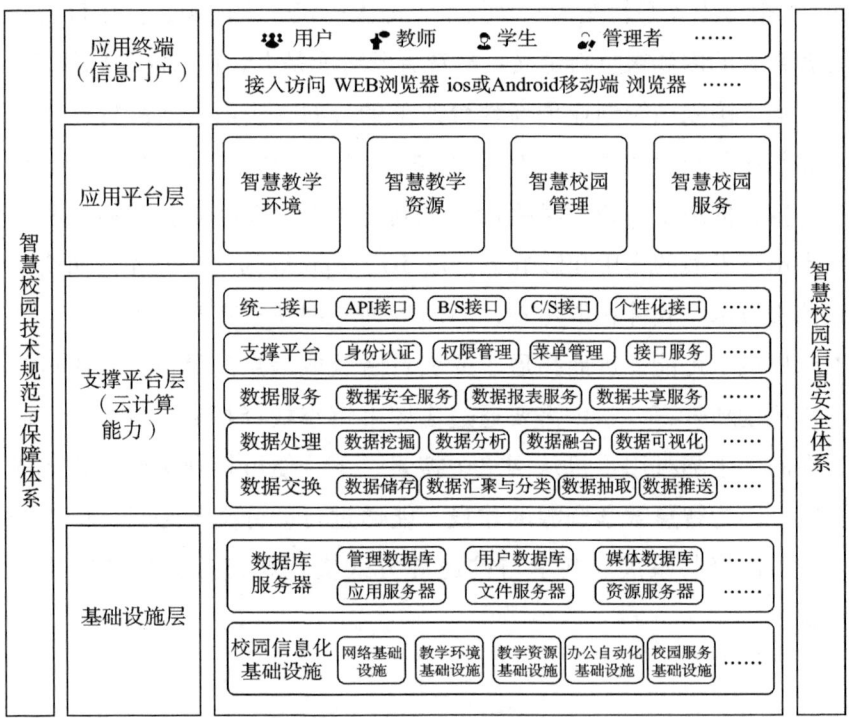

图3-2 智慧校园总体框架

资料来源:国家市场监督管理总局,中国国家标准化管理委员会.智慧校园总体框架(GB/T 36342—2018)[S/OL].(2018-03-15)[2021-05-15].https://max.book118.com/html/2018/0701/8007130001001114.shtm.

务、支撑平台和统一接口等功能单元），应用平台层（智能教学环境、智慧教学资源、智慧校园管理、智慧校园服务），应用终端（接入访问的信息门户），信息系统安全体系。其中，应用平台层是智能教学环境应用于服务的内容体现，在支撑平台层的基础上，构建教学环境的管理和服务等应用，为师生教学活动提供支撑服务包括多媒体教室、智慧教室、创客实训环境等应用单元。而智慧校园管理，是集智能化感知、智能化控制、智能化管理、智能化互动反馈、智能化数据分析、智能化视窗等功能于一体的用于实现校园信息管理的系统，包括学校行政管理、教学管理、科研管理、人力资源管理、资产管理、财务管理等协同办公（办公自动化）的管理信息系统。

"互联网+"推动高校在创业创新教育管理上的发展，如上述加强"智慧校园"的建设，强化对校园信息获取和状态监测，加强监督与管理，减少投入与消耗，将学校服务管理向智能、专业、个性化发展推进，从而提学校的管理效率。

同时"互联网+"背景下创业创新教育还应重视互联网技术在教育实践中的作用。认识到互联网技术在创业创新教育中的重要地位，才能利用互联网技术突破过去传统创业创新教育在时空上的限制，增强其实用性与可操作性。具体表现为，一是加快创业创新教育网络平台建设，推进实现创业创新教育互动发展，使创业创新教育融入日常生活，实现创业创新教育资源共享，增强创业创新教育的便捷性；二是建设以电子商务为重要内容的创业基地，提高学生的自主创业能力，促进信息化与便利化。从根本上来说，"互联网+"背景下的创业创新教育成功与否，与受教育者信息素养的高低关系密切。所谓信息素养，主要表现为受教育者的信息化意识、信息技术知识、理论水平和信息技术专业实际操作能力。高校创业创新教育应重视对学生信息素养的培养，使用信息技术开展创业创新教育，此为"互联网+"背景下创业创新教育的一大亮点。

3.4 "互联网+"背景下创业创新能力的变化及其原因

麦肯锡全球研究院对中国的数字化体系以及各行业的数字化程度进行了评估,认为中国现已成为全球公认的数字化大国,正在改写全球数字化的格局。作为数字技术的主要投资国以及应用此类技术的先行者,中国以去中介化(disintermediation)、分散化(disaggregation)和非物质化(dematerialization)这三种数字化推动力帮助企业重塑价值链、加速变革步伐。在数字经济潮流下,以信息化为标志的"互联网+"时代与传统经济形态下的创业创新能力相比,因产业升级、生产生活方式极速变化而凸显巨大的差异。以下主要从技术支撑(主体知识结构、思维模式)、行业心态、能力运用方式及资源配置与提升效率四个方面分析二者的差异性及其原因所在。

3.4.1 技术支撑的差异下创业创新主体知识构架的不同

学界目前取得共识,所谓"互联网+",就是以互联网为主的信息技术(移动互联网、云计算、大数据技术等)和互联网思维,在企业发展各环节的融合、渗透、延伸、演进。具体而言,"互联网+"以云网端为基础设施,以大数据为新生产要素,以大规模社会化协同的分工体系为支撑,具有平台经济、线上操作、贴近用户等新的特点,是我国工业化和信息化深度融合的"升级版"。"互联网+"是现实的物理运动空间与虚拟的智能网络的完美结合,其中云计算、移动互联网、物联网及大数据技术的运用催生了信息技术时代的新经济形态,深刻地改变了人类社会的传统经济形态。

相较之，传统的经济形态主要是依靠单一行业、单一学科、单一门类的技术为支撑，其技术流向通常表现为"单行道"，在信息共享、互动方面存在极大的缺失；这直接导致了传统经济形态表现出彼此互补性不明显，关联性不强，融合度不高的特征。

对比上述"互联网+"新经济形态与传统经济形态下各自表现出技术支撑的差异性，导致二者在创业创新主体的不同。首先，传统经济形态下的创业创新主体一般首先表现为某一领域的"专才"，而非时下"互联网+"背景下要求的复合型知识结构的通才；其次，传统经济形态下的创业创新主体缺乏信息素养的培育，而"互联网+"技术环境下越来越重视信息素质教育。国内外的研究表明，"互联网+"背景下创业创新主体的信息素质教育关注于信息知识、信息技能、信息文化的培养。例如，2013年12月11日联合国教科文组织发布《全球媒体与信息素养评估框架》(Global Media and Information Literacy Assessment Framework)，反映了全球对媒体和信息素养的高度关注与重视。再者，对比"共知、共享、共赢"的互联网开放思维模式，传统经济形态下的创业创新主体缺乏开放的全球视野。这是因为传统经济形态下的创业创新教育只关注在相关管理知识上，专业划分过细、课程界限分明、学生知识面狭窄。在此单科偏向、缺乏统合的情况下，学生创业创新能力的培养也只能拘泥于专业一隅，导致个体释放潜能受限，个体发展空间不足，这样严重限制了创业创新人才的发挥空间与发展潜能。

3.4.2　面对的行业形态不同

当前，随着互联网的普及与发展，为促进信息产业进步，涌现出大量的互联网企业。麦肯锡全球研究院研究发现，中国的数字化投资活跃度居世界前列，且数字化领域越来越吸引中国风投行业关注。当前，大部分风投资金流向了大数据、人工智能、金融科技等数字企业，如虚拟现实、自动驾驶汽车、3D打印、机器人、无人机及人工智能等。不断增长的数字产业也在不断地变革大量的传统产业，从营销互联网化，到渠道互联网化，再到产品互联网化。如今通过并购、投资、新商业模式输出及技术合作等方式，"互联网＋"全面渗透、融入甚至改造了社会各行各业，包括金融、教育、旅游、健康、物流等传统行业。这些新兴上升的数字行业，不仅发挥了极大的经济影响，同时以"互联网＋"的形式呈现一种跨区域、跨行业、跨领域的新型经济形态。以互联网三巨头百度、阿里巴巴、腾讯为例，已布局多行业、多元化的数字生态系统，深入消费者生活的各方面。习近平总书记在中国共产党第十九次全国代表大会中指出："激发和保护企业家精神，鼓励更多社会主体投身创业创新"❶，政府在积极鼓励数字化创新与创业。

相对来看，传统产业主要依靠产品自身的生产、组织及发展，只限于自身领域内"单打独斗"，显而易见地已进入极限状况，不得不面临危机，如产能过剩、资源利用率低、结构不合理、结构调整与转型升级困难等一系列问题。面对传统产业难以为继的以生产者、产品和技术为中心的经营模式，注重利润直接可见的交易模式，以及流通环节、服务分发环节因信息不对称而引发供需不匹配的困境，迫切需要进行技术化、智能化、高效化的"互联网＋"升级改造。面对传统行业过度分散、效率与服务水平较低等问题，更需要重新定义研发、生产制造、经营管理、销售服务等环节，加速向数字社会化和用户深度参与方向转变，将互联网技术与思维从始至终地贯穿产业全周期过程。据统计，中国仍存在效率较低的传统行业，其

---

❶ 习近平：决胜全面建成小康社会 夺取新时代中国特色社会主义伟大胜利——在中国共产党第十九次全国代表大会上的报告［EB/OL］．(2017-10-27)［2021-05-15］. http：//www.gov.cn/zhuanti/2017-10/27/content_5234876.htm.

劳动生产率仅为经济合作与发展组织平均水平的 15%～30%。❶ 这为数字化企业带来了创新空间，提供了崭新的市场切入点。

3.4.3　能力运用方式不同

传统经济形态下的创业创新能力大多限于运用在本行业的规模扩大、效率提升以及门类完备上，这种大规模、单一品种的刚性生产方式，无法满足当前消费者对高品质、定制化产品和服务不断攀升的需求。相反，"互联网＋"经济形态下，创业创新主体通过信息聚合与分送，可以改变刚性生产方式为小规模、个性化的柔性化生产，也可以大数据技术为核心实现了大规模、个性化定制的专业工业化制造。总之，互联网技术的不断进步，让产品生产走向个性化、专业化与多元化，贴近用户为其最大的特征。

另外，传统经济形态下的企业往往因为流通环节营销渠道相对固定单一，中间环节过多，导致其成本居高不下，进而给消费环节带来了诸多不便，所谓便捷、即时、个性化服务更无从谈起。对比之下，"互联网＋"数字技术将进一步驱动创业创新，通过数字化推动力让行动迟缓、陈旧的企业转向敏捷化。通过构建扁平化的营销渠道结构等，简化流通环节，降低交易时间和成本，提高交易效率，创造全新的产品、服务与商业模式。阿里巴巴等企业将零售中间环节完全砍掉，让供应商直接通过数字平台对接消费者，颠覆了零售行业。同时，在消费环节注重引导网上消费成为新的时尚潮流，营造"互联网＋"背景下独特的文化氛围，在满足受众消费便捷即时需求的同时，悄然改变消费习惯与消费方式，最终使消费模式发生颠覆性变革，如共享单车、共享汽车等，就是通过将资产分散为多

---

❶ 华强森，陈有钢，成政珉，等. 中国的选择：抓住 5 万亿美元的生产力机遇［R/OL］.（2016－06－25）［2021－05－15］. http：//www.199it.com/archives/487783.html.

个小份，再转化成服务提供给碎片化的消费群体，从而颠覆传统业务模式、催生新的行业。

3.4.4 用于资源配置和提升效率的方式不同

传统经济形态下，资源、市场、劳动力、技术等生产要素相对处于分散、混乱、无序的状态，供需双方因为缺少有效信息沟通交流渠道与机制，往往处于被动接受的地位，如信息不对等或不对称、供需契合度小、资源要素的跨界整合与合理配置难度大等，限制了经济效率的大幅度提升，极大地制约了创业创新。

对比来看，平台模式与平台经济是"互联网+"时代实现资源要素跨界整合与效率提升的重要方式。所谓平台经济的概念，2014年在上海市发布的《关于上海加快推动平台经济发展的指导意见》中提到，平台经济是基于互联网、云计算等现代信息技术，以多元化需求为核心，全面整合产业链、融合价值链、提高市场配置资源效率的一种新型经济形态。2019年7月17日，国务院总理李克强主持召开国务院常务会议指出："互联网平台经济是生产力新的组织方式，是经济发展新动能，对优化资源配置、促进跨界融通发展和'双创'、推动产业升级、拓展消费市场尤其是增加就业，都有重要作用。"❶"互联网+"时代催生了一系列新平台，如电子商务平台、"移动社交+众筹分销"平台等，在线金融保险服务、在线教育学习平台、在线医疗卫生平台、在线旅行出游平台等屡见不鲜。在一定程度上，能否实现互联网平台的完美搭建和充分利用；能否充分展现互联网技术的投入应用，体现了创业

---

❶ 中国政府网. 李克强主持召开国务院常务会议 确定支持平台经济健康发展的措施 壮大优结构促提升级增就业的新动能等［EB/OL］.（2019-07-17）［2021-05-15］. http：//www.gov.cn/premier/2019-07/17/content_5410654.htm.

创新能力运用的成功与否。根据中国信息通信研究院检测显示，2018年在全球排名前10的上市企业中，平台企业市值比重已经由2008年8.2%上升到77.0%，规模达到4.08万亿美元，较2008年规模增长了22.5倍，成为经济增长新引擎。尤其是移动互联网时代，以美团、今日头条、拼多多、哈啰等为代表的新型平台正在快速发展。

上述分析可见，基于互联网的平台模式，有利于集聚不同类型的消费者群体和生产者群体，进而促进交叉网络外部性的发挥。互联网构建的平台具有能为对方创造价值的特性，它让两群或多群用户彼此相互吸引、建立联系，这是平台的最大竞争优势。搭建、利用好互联网平台是实现"互联网+"背景下跨界资源要素整合、合理配置和提升经济运行效率的重要方式，更是广大创业者们创业创新能力大显身手的绝好舞台。

3.5　本章小结

综合以上分析，"互联网+"具有推动传统经济形态发生变革的能量，从生产、流通、分配与消费四个环节转变商业经济发展模式；除了推动经济变革以外，"互联网+"推动力还存在思维模式的变革，其对创业创新教育的影响与渗透，表现在教育内容、教育手段及教育管理等方面。最后，通过传统经济形态和互联网经济形态下各自对创业创新能力差异的比较分析，进一步坚定走创新驱动的发展道路，健全完善互联网背景下新的社会基础配套设施，构建互联网知识技术体系下的融资机制，打造健康优良的互联网发展平台，优化环境，提升品质，带动全民创业创新联动氛围，才能实现工业化与信息化的高效融合与统一。

国外高校创业创新人才培养模式研究

4.1 国外高校创业创新人才培养案例介绍

发达国家开展创业创新教育的历史较长，最早可追溯到1938年日本神户大学教授藤泽吾藤开设的创业教育课程。欧美国家创业创新教育发展较为普遍和成熟，在其发展过程中着重培养大学生的企业家精神，逐渐形成了卓有成效的个性化创业创新人才培养模式。当中美国无疑是创业创新教育发展最具代表性的国家之一，可以说美国大学的创业创新教育一直是全球各地高等教育机构创业创新教育的先驱和引领者，❶ 执世界之牛耳。"美国自20世纪60年代以后的五次重要科技进步，都是由一批美国研究型大学在其中发挥了创

---

❶ 许涛，郑文江. 美国大学创业创新教育的发展现状及其新特征 [J]. 现代教育技术，2019，29（4）：114-119.

新源泉的关键作用。"❶

当今美国各高校虽然在创业教育上各有特色,但基本上从创业创新教育课程的开设,到创业创新中心的建设,而至创业创新生态系统构建,创业创新的人才培养成了美国各高校共同关注的核心问题。经过长期的实践,"美国高校形成一个'中心'、三个'结合',即以学生为中心、课内与课外相结合、科学与人文相结合、教学与研究相结合"❷ 的创业创新人才培养模式。受篇幅限制,为了深入讨论国外创业创新人才培养模式,本书将以美国高校为例,选取具体的人才培养目标、课程设置、实践教学等个案进行观察并展开论述。

4.1.1　国外高校创业创新人才培养目标案例

培养学生创业精神、提升学生创业技能、引导学生自主创业是美国高校创业创新人才培养的目标。埃尔基莱等认为"美国的创业教育显然有自己的首要目标,即培养创业意识、理解自主经营企业所有权及自主企业的创立动机"❸,美国高校创业创新教育着重强调创业思维训练,目的是培养学生的创业意识、创新特质和创业精神。进一步而论,创业创新精神和价值引领是美国高校创业创新教育的内核。大致上,美国高校培育创业创新精神和价值引领主要从三方面着手:一是关注培养学生的企业家精神;二是强调创业的社会价

---

❶　张杰. 扎根中国,建设世界一流创新型大学 [J]. 中国高等教育,2016(7): 22-25.

❷　暨南大学教务处. 交流借鉴创新暨南大学主管全日制本科教学副院长赴美国高校考察报告 [R]. 广州: 暨南大学教务处,2012.

❸　埃尔基莱,汪溢,常飒飒. 创业教育: 美国、英国和芬兰的论争 [M]. 北京: 商务印书馆,2017: 63.

值；三是关注和支持女性群体的创业实践。❶ 可见，创业精神在创业教育中居于首位，创业目的在于引导学生创造经济社会价值，实现以学生需求为中心的人才培养模式。

以巴布森学院为例，其位于美国马萨诸塞州韦尔斯利巴布森公园，是当今全球顶尖的商学院之一（1919 年创立）。巴布森学院早在 1972 年首创研究所创业课程，本科阶段的创业学连续 21 年被《美国世界新闻报道》评为全美第一。巴布森学院的创业教育核心理念是创业思维与行动，目标是让未来的创业人才用企业家精神去看待世界。具体反映在巴布森学院本科创业教育体系的三大内容：一是以创业实践为导向的管理和创业基础课程，其核心是行动（action），以学生为中心，培养学生自信心、独立性和创造力；二是以新生适应与思维开拓为导向的一年级研讨会第一年研讨会，学习目标是通过学术对话发现学术价值，尤其实现专业、学科、文化等差异跨越；三是领导力和团队合作辅导课程，以学生个人认知与能力培养为导向，目标是建立自我知识和增强能力，帮助塑造个人发展。❷ 不难发现，巴布森学院的创业创新教育中的创业思维和行动无处不在，目标在于培养学生成为具有创新意识与创业精神的领导者。故此，研究者指出，美国创业创新教育主要的任务是揭示创业创新的一般规律，传承创业创新的基本原理与方法，培养学生的企业家素质，目标是使受教育者具有创业意识、创业创新个性心理品质和创业创新能力，以适应社会的变革，而不再以岗位职业培训为内涵。❸

---

❶ 张庆晓，许礼刚，王轶珍. 美国高校开展一流创业创新教育的经验及启发［J］. 黑龙江高教研究，2020，38（4）：98－102.

❷ 王歆玫，严毛新. 从核心课程实施到支持性环境创设：高校创业人才培养研究——以美国巴布森学院为例［J］. 教育发展研究，2018，38（19）：70－77.

❸ 刘帆，王立军，魏军. 美国高校创业教育的目标、模式及其趋势［J］. 中国青年政治学院学报，2008（4）：98－101.

4.1.2 国外高校创业创新人才培养课程体系建设案例

美国高校创业创新教育课程体系建设以文理渗透优化知识结构，以跨领域（专业、学科、文化差异）课程建设实现科学与人文相结合，跨领域学习是美国高校创业人才培养的关键。在美国，创业创新教育的课程内容丰富、覆盖面广，涵盖了创业构思、融资、设立、管理、财务、营销及创业相关法律、技术转移等方面，门数高达2200门。据美国创业创新教育评估项目——全美创业教育调查在2012—2014年的调查统计显示："美国高校创业教育课程开设频次最高的前五位为：创业学、商业计划、创业融资、新创企业、创新"❶，其成熟度高，跨学科特征鲜明。因此，"跨学科创业教育模式在美国大学备受推崇，创业课程和项目使学生掌握了广泛的应用技能，包括制作商业计划、推销、建立网络、吸引资金、结识当地的商业领袖"❷。

例如，孕育硅谷摇篮的斯坦福大学，培养了众多如雅虎、谷歌、罗技、特斯拉、惠普、英伟达、思科等高科技公司的领导者。学校的创业课程设置主要涵盖产品导向型、案例导向型、单点聚焦型、讲座型四大类。❸ 产品导向型课程安排在工学院；案例导向型课程设置在商学院，如"新创企业的组建"为商学院经典案例课；单点聚焦型课程在全校各个学院各个专业均有配置；而讲座型课程是常规与一次性讲座课程结合，迄今被邀请作为这门讲座课的主讲人囊括了

---

❶ 梁会青，孙焕焕. 以评估促发展——从全美创业教育调查看美国高校创业教育［J］. 世界教育信息，2018，31（15）：34-43.

❷ 赵中建，卓泽林. 创业创新，美国大学这么做［N］. 中国教育报，2015-07-08（11）.

❸ 姚小玲，张雅婷. 美国斯坦福大学创业创新教育生态系统探究［J］. 山西大学学报（哲学社会科学版），2018，41（5）：122-127.

全球顶尖创业家。此外，斯坦福大学的"斯坦福导读"相当独特，"它不是一门课，而是以小班教学为特色的一系列低年级课程创新项目的集合，其中包括'人文学科导论''科学、数学和工程核心'以及'写作和批判性思考'等"❶。纵观之，斯坦福大学在课程体系上首先是通识教育课程建设，其次创业教育课程注重基础课和专业课的融合。

麻省理工学院开创了"三螺旋模型"。所谓"三螺旋模型"，主要是"用以解释大学、政府和产业三者之间在知识经济时代的新关系"❷。在麻省理工学院，以高校为主导的大学、政府、产业联合的创业创新模式（简称大学—产业—政府）。在此模式下，坚持将理念转化为行动，将发明转化为产品，与麻省理工学院的不同部门、实验室、工程中心及企业密切合作，逐渐形成遵循"产学研"的完整创业创新体系。

首先，麻省理工学院在院系之间打破专业与学科的壁垒开设多门创业创新课程、实验室、计划项目。例如，麻省理工学院独特的创新课程为20世纪60年代，由斯隆管理学院开创的第一门创业课程——"新企业家"，由既是学者又是创业者的理查德德·莫尔斯主讲。1996年创建的麻省理工学院创业中心（2011年11月更名为麻省理工学院马丁信托创业中心），主要进行与教育、学术相关的创业管理、投资与创业政策等研究。虽然该中心设立在麻省理工学院的斯隆管理学院，但它始终面向麻省理工学院所有师生，为所有师生提供全方位的创业创新课程和指导。该中心鼓励学科交叉，不同学科背景合作创业，如自然科学专业与管理学专业学生合作；麻省理工学院的媒体实验室（The MIT Media Lab），成立于1980年，是麻

---

❶ 张晓鹏. 美国大学创新人才培养模式探析 [J]. 中国大学教学，2006（3）：7–11.
❷ 向延平. 地方性高校社会化服务绩效评价研究 [M]. 成都：电子科技大学出版社，2012：55.

省理工学院创业创新教育发源地之一。它致力于跨学科研究,分子计算机、量子计算机、纳米传感、机器人、全息技术、互动式电影、社会化媒介、数字艺术、情感电脑、电子出版、认知科学与学习、手势与故事、有听觉的计算机、物理与媒体、未来的歌剧、可触摸媒体及视觉和模型等,这些新兴跨学科领域极具创新性和前瞻性。

其次,麻省理工学院积极开拓免费开放的网络教育课程平台。例如麻省理工学院的免费网络课程项目"开放课程"(open courseware,OCW),自 2001 年创立即树立"公开、共享、参与、合作、发展","开启知识、赋能心智"的理念[1]。2012 年,麻省理工学院在 OCW 上创建创业创新课程体系。同年 4 月,麻省理工学院与哈佛大学合作创建 edX 网络课程开放平台。麻省理工学院创建免费在线教学资源平台,在国际上形成巨大影响力,启发世界各地高校之间建立开放课程项目。例如,edX 已经拥有超过百万名的注册者,目前新增包括清华大学、北京大学、香港大学、香港科技大学、日本京都大学和韩国首尔大学等亚洲高校在内的全球名校。而英国的第一个 MOOC(massive open online courses)平台——Future Learn(未来学习),由英国公开大学于 2013 年创立,该平台集结了全世界顶尖一流学府和英国知名文化机构提供的一流课程内容和师资力量,目前已与其合作的中国大学有上海交通大学、复旦大学等。

最后,面对全球化经济浪潮,麻省理工学院在跨区域、跨文化的创业创新课程上发力。

哈佛大学创业教育课程体系主要由商学院的专业性创业创新课程组成,具体呈现两大特色,一是与专业融合,不同学院根据自己的专业主攻方向设计创业创新课程的主题;二是共享资源,各个学院学生根据需要及进行交叉互选,打通学科专业壁垒。例如,"当代

---

[1] 王立. 麻省理工学院开放课程计划十年回顾与展望[J]. 高教发展与评估,2012,28(4):108-113.

南亚：社会与经济棘手问题的创业性化解"是哈佛大学商学院教师开发的一门创业精品课程，它同时面向文理学院、法学院、公共卫生学院等六个学院开放，满足了更多学院的课程需求，又使不同专业背景的学生同处一个课堂，以差异性思维激发更多的灵感与创意，有利于提高创业创新教育的质量和效率。❶

4.1.3 国外高校创业创新人才培养实践教学案例

美国创业创新教育正在经历转变改革，最终形成"以创业教育、科研创新与技术转化为基础的创业生态系统。大学创业生态系统内部由参与主体、正规课程、课外活动和资本四大领域要素构成，外部由政府政策、创业文化、区域经济发展与服务形成有益的环境支撑"❷。针对创业创新的实践教学成为美国高校创业创新人才培养模式的核心所在，它联结了学校内部与外部，得以实现"课内与课外相结合""教学与研究相结合"。其中，全美创业创新教育调查显示最受学生欢迎的课外创业创新教育机会有：商业计划竞赛、创业俱乐部、知名企业家讲座、电梯演讲比赛，此外还有孵化器、网站设计、与高中的合作项目、与四年制学院或大学的合作项目等。❸ 以下主要从三方面来观察具体案例。

其一，学校举办商业计划竞赛。根据美国考夫曼基金会统计，2006 年美国高校已有 353 个创业竞赛，至今竞赛数目已经翻了一倍。《福布斯》杂志列举包括麻省理工学院 100K 商业计划比赛（MIT $

---

❶ 刘志. 哈佛大学创业教育课程建设的历程与经验 [J]. 教育研究，2018，39 (3)：146 - 153.

❷ 王旭燕，叶桂方. 大学创业生态系统构建机制研究：以加州大学洛杉矶分校为例 [J]. 中国高教研究，2018 (2)：36 - 41.

❸ 梁会青，孙焕焕. 以评估促发展：从全美创业教育调查看美国高校创业教育 [J]. 世界教育信息，2018，31 (15)：34 - 43.

100K)、得州大学奥斯汀分校的投资实验室创业大赛在内的 15 个美国顶级创业创新大赛（见表 4-1），研究者认为美国研究型大学创业创新大赛一是通过研讨会、训练营和导师制等多种形式，实现了创业教育与创业实践的结合；二是通过丰富的赞助形式最大限度地吸引社会优质创业资源，同时以创业竞赛为平台，延伸了大学的社会服务职能，形成互动互利的创业创新文化❶。例如，MIT ＄100K，初创于 1989 年，当时由斯隆管理学院和麻省创业中心联合发起，1990 年举办第一届创业大赛时，奖金为 1 万美元；1996 年提升到 5 万美元，自 2006 年至今达 10 万美元。如今，有着 30 多年历史的 MIT ＄100K，已经成为美国顶级的商业计划竞赛。MIT ＄100K 之所以有如此出色的表现，源自创设 MIT ＄100K 目的不止于选出优秀方案，更是支持鼓励优秀创业方案实施形成实际企业。2011 年 MIT ＄100K 组委会提出"通过创业改造社会的三个关键"，即通过深入了解创业的过程、重要性及相关策略来加强自身团队的创业精神，通过研究创业计划是实施的一个必要前提，利用全球企业家和商业计划大赛的领袖网络、创造灵感、建立联系、共享资源、实现反馈❷。MIT ＄100K 主要分为三个阶段：第一阶段电梯演讲，参赛者在虚拟的电梯环境中通过制作 60 秒视频短片展示其创业设想与亮点；第二阶段执行摘要比赛，主要进行组建团队与构思创业；第三阶段的商业计划比赛，从构思转向计划的实施，参赛者需要为开创公司与融资做准备。迄今，美国优秀的 50 多家高新技术公司中有 46% 皆出自此项比赛，如杨志远在斯坦福大学校园创业大赛中创建了雅虎。

---

❶ 金津，赵文华. 美国研究型大学顶级创业大赛的比较与借鉴 [J]. 清华大学教育研究，2011，32 (5)：79-85.
❷ 张杨，胡瑞琦. 中美高校创业大赛模式的比较及其启示 [J]. 世界教育信息，2012，25 (8)：61-66.

表 4-1 美国创业大赛名称及所属院校

商业计划竞赛	所属学校
麻省理工学院100K商业计划比赛（MIT ＄100K）	麻省理工学院
麻省理工学院清洁能源大奖赛（MIT Clean Energy Prize）	麻省理工学院
莱斯大学商业计划竞赛（Rice Business Plan Competition）	莱斯大学
投资实验室创业大赛	得州大学奥斯汀分校
哈佛大学商学院商业计划竞赛（Harvard Business School Business Plan Competition）	哈佛大学商学院
沃顿商业计划竞赛（Wharton Business Plan Competition）	宾夕法尼亚大学
加州大学伯克利分校商业计划竞赛（UC Berkeley Business Plan Competition）	加州大学伯克利分校
杜克大学创业挑战赛（Duke University Start-Up Challenge）	杜克大学
达特茅斯创业网络商业计划竞赛（Dartmouth Entrepreneurship Network Business Plan Competition）	达特茅斯学院
McGinnis创业大赛（McGinnis Venture Competition）	卡内基梅隆大学
创业冠军赛（New Venture Championship）	俄勒冈大学
塔夫斯10万美元商业计划竞赛（Tufts 100k Business Plan Competition）	塔夫斯大学
纽约大学斯特恩创业大赛和公益创业大赛（NYU Stern New Venture and Social Venture Competitions）	纽约大学
创业挑战赛	芝加哥大学
波顿·D.摩根商业计划竞赛（Purdue University's Burton D. Morgan Business Plan Competition）	普渡大学

资料来源：金津，赵文华. 美国研究型大学顶级创业大赛的比较与借鉴［J］. 清华大学教育研究，2011，32（5）：79-85.

其二，开展创业实践活动以提升校园创业创新文化氛围。美国《2013年大学生就业报告》显示："美国大学生自主创业率高达36.1%，创业成功率约为30%，远远高于全世界大学生平均创业成功率的10%。"❶例如，麻省理工学院的罗迪布鲁克斯教授（Rondy Brooks）与其得意门生柯林安格尔（Colin Angle）和海伦格莱纳（Helen Greiner），以电脑科学暨人工智能实验室提供的创业基金为基础，创办了iRobot（艾罗伯特）公司。斯坦福大学的拉里·佩奇（Larry Page）创立了谷歌公司等。诸多的成功创业经验极大地激励了美国在校学生创业创新的热情与兴趣。

以巴布森创业教育中心为代表，在为学生设计的"新生管理体验"课程中，新生班级被分成若干个创业小组，学校为每个创业小组准备3000美元的原始资金，每个创业小组自行制订创业计划，年终进行结算。学生通过创业实践课程获得极大的成就感，培养学生的创业实践能力。

加州大学伯克利分校的哈斯商学院建设的创业体验平台，不仅是一个创业孵化器，也是一种新型的创业模拟系统，综合了创业真实体验、职业体验与创业计划课程。为在校学生提供创业计划孵化机会的同时，向各个阶段的学生或组织提供创业课程培训、创业实习等。此外，还为学生提供实习机会等。

加州大学洛杉矶分校，重视学术研究、种族多元化及开放包容，依托其世界级科研水平、校友群体及网络和资金支持，迅速成为全美高校创业的后起之秀，被评价为创业型大学的典范。2015年，福布斯排行榜根据美国各大高校学生和校友创业者数量公布了美国创业型大学排行榜，加州大学洛杉矶分校位居第五名。❷该校拥有开展创业创新教育和创业创新活动的基础性资源。除独立附属的研究院、科研中心等以外，还注重与国家实验室保持长期的、多方的合作关

---

❶ 汪怀君. 美国研究型大学的创业创新教育生态系统及其启示［J］. 黑龙江高教研究，2020，38（6）：73-79.

❷ CHEN L. Startup schools：America's most entrepreneurial universities 2015［EB/OL］.（2017-09-26）［2021-05-15］. https：//www. forbes. com/sites/liyanchen/2015/07/29/americas-most-entrepreneurial-research-universities-2015/#36230c043823.

系，这不仅有利于许多重要理论资料和先进科研设备及仪器的获取，而且能提高申请联邦政府研究基金的可能性。加州大学洛杉矶分校的安德森商学院的创业者协会为全美最具影响力代表性的创业社团，创业者协会每年组织150次以上的相关活动，如系列演讲、参观公司、与创业家用餐、年终会议，以及前文提及的创业计划大赛等，为学生提供了在企业里创业实习的机会。❶此外，学校开展回声计划，主要通过提供与研究中心、院系、校友及行业专家联系的途径，推动学生创业实践。

其三，美国以高校为依托，与产业界、科研机构和政府相互配合，实现教学与研究相结合的创业创新人才培养。《2016年全球获美国实用专利100强》报告显示，美国大学包揽了实用技术专利的发明数量前10名中的8个席位，且美国大学的创业成功率超过20%。可见，美国大学重视内部创新教育系统与外部创业环境的建设，其中研究成果的孵化成为创业创新实践教学的"重头戏"。创业孵化器和加速器在美国各个城市如雨后春笋般涌现，它们还出现在各个垂直领域。

20世纪80年代美国出台的《拜尔—杜尔大学和小企业专利法》，推动了科学研究技术成果的转化，之后美国高校创立"大学研究区"作为大学创业孵化机构。例如，伊利诺伊大学的Enterprise Works（企业工程）、康奈尔大学的eLab项目、哈佛创新实验室、加州大学伯克利分校的Skydeck学生创业孵化器与LAUNCH加速器、斯坦福大学的Start X加速器等。"2016年国际商业创新协会的影响力指数显示，与大学相关的孵化器项目所占比例已经增至42%，创历史新高。创业创新加速器与孵化项目为初创企业提供了一个相对'安全'的保育室，在那里大学生可以与导师一起工作，以培育它们

---

❶ What can we do for you？[EB/OL]．(2012－03－25)[2021－05－15]．http：//www.entrepreneurassociation.net/．

的商业计划,并将其转化为现实。它们的存在与良好运作是大学初创企业持续高增长,并拥有较高成功率的重要保障"[1]。

LAUNCH 是加州大学伯克利分校 5 大加速器之一,它是由学生和教职工志愿者独立运营,参与的学生可获得学术学分。它的成果包括:6 家创业公司进入 Y Combinator——最负盛名的创业加速器之一。

CMU 是全美技术转移最成功的机构之一,借助校内孵化器——技术转让与企业创新中心和奥利巴斯计划,斥巨资帮助全校师生实现科技成果转移。奥利巴斯计划由卡耐基梅隆大学计算机科学教授曼纽尔·布卢姆创立,该计划成立之初每年向 20 家有潜力的创业公司提供建议,到 2018 年已经增长至 140 家。该计划的负责人尼德汉(Kit Needham,奥利巴斯计划项目总监、驻校企业家)表示,奥利巴斯计划已为匹兹堡创造了 400 多份全职工作。

宾夕法尼亚州立大学在 2015 年推出宾夕法尼亚州立大学创造计划,自该计划推出以来,该大学的 21 个分校都成立了"创新中心",为学校师生和社区成员提供联合办公空间、加速器和其他资源。该大学还有由校友成立的夏季创始人项目,参与该项目的学生将获得 10000 美元资助,以扩大公司规模。该校校长埃里克·巴伦(Eric Barron)认为,创业不仅有利于学生,还能创造就业岗位,推动经济增长,让社会受益。

堪萨斯大学是一所典型的研究型大学,学校排名虽然无法与美国东西部发达地区名校相比,但其创业创新教育相当成功。2010 年,堪萨斯大学成立创新与合作部,服务和推动师生的技术创新和创业活动,它以"将创新技术转化为产品和服务投入市场造福大学和社会"为使命,秉承"创新+合作+创业精神"的理念,通过合作激

---

[1] 江露露. 美国大学生创业创新教育实践:基于《创新和创业型大学:聚焦高等教育创新和创业》的分析[J]. 世界教育信息,2016,29(21):20-26,33.

发创新，鼓励创业。❶

再以最早一批成立大学研究区的威斯康星大学为例，其研究区极具代表性。大学研究区始创于1984年，以"推动大学知识创新及其成果的商业化，创造大量的利润和就业岗位，从而繁荣麦迪逊乃至于整个威斯康星州的经济"为使命，经过几十年的发展如今已经拥逾百家企业，一方面，威斯康星大学为大学研究区提供人才、技术等资源，助于形成"产品+大学"的品牌双重价值；另一方面，品牌价值形成反过来提升大学研究区产品及大学的整体形象。此外，最重要的是大学研究区带动了当地经济的发展：2016年该校财政报告指出，大学研究区每年为威斯康星州贡献的经济总额高达8.25亿美元，与此同时，每年为全国提供9300多个职位，以及4000万美元的税收。❷

4.2 国外高校创业创新人才培养案例总结

4.2.1 创业人才培养与社会实际紧密结合

在知识经济时代，全球化带来了复杂经济、社会问题，如信息科技的进步与更迭改变了劳动市场的发展，高阶技术的引进提升了生产效率，却也造成低阶劳工的就业与失业问题。为了解决这些问题，全世界展开社会创新行动。一如经济合作与发展组织对社会创

---

❶ 史金金，田华. 美国堪萨斯大学创业创新教育体系及启示[J]. 高等工程教育研究，2018（3）：117-123.

❷ Creating innovation neighborhoods university-research park [EB/OL]. （2018-01-15）[2018-03-12]. https：//university-researchpark.org/the property.

新所定义的,针对社会和经济问题给予新的服务方式,寻求一个新的解决办法以改善大众的生活质量。国外的高等院校作为社会创新的高地,为推动高增值的知识经济、发展创新和知识为本的产业在创业创新人才培养上时刻紧扣社会发展。不仅关注学生对创业创新专业知识的学习,更加关注对学生创业创新能力的培养,注重学生的个性发展,强调创业创新学习与实践相结合。为此,20世纪70年代德国提出"关键能力"的概念,并将其贯穿于创业创新人才教育之中。"关键能力"强调的是对不同职业的适应性能力,实质是劳动者在现代化社会中的综合素质。20世纪90年代美国斯坦福大学即成立社会创新研究中心,除了教学及研究,更有斯坦福社会创新评论提供跨领域的知识分享。日本2011年出台的《第二次研究生教育发展纲要》,明确创新人才培养目标,"培养引领社会创造与成长的领军人才",强调实践领域创新人才的培养,同时课程设置目的与教育目标高度统一。事实上,国外高校在创业创新人才培养上除强调传授学科专业知识外,还着重于学生的个人与社会责任感,技术的创新创造社会价值,用以满足社会需求。

4.2.2 个性化的创业创新课程体系

国外高校创业创新人才的培养强调对传统课程设置模式和内容进行更新和变革,建立跨学科、专业、文化领域的创业创新人才形成的课程体系,从而为创业创新人才培养提供重要支撑。为了培养学生的创新意识与创新能力,美国高校根据创业创新教育项目侧重点的不同开设了相关课程:为本科生开设了创新企业相关管理、营运等课程;为研究生开设了小企业管理、创建新企业、创建和运营新企业等课程。

在英国大学在创业创新教育实践过程中形成以创新意识、通识与职业三个层次的创新人才培养课程体系。牛津大学赛德商学院强调"共生式"创业理念，即通过植根于世界一流大学，以学科集群、创业实践和创业孵化等方式，建立一个"课程—创业—孵化"的接续、共享发展过程，实现课程、技术、资本和网络的有效融合。由于创业本身具有跨学科性质，其教育模式应由认知实践（跨领域创业课程）和社会实践（集成项目模块）来引导，以便为学生提供有利于"创意孵化"的商业环境。为此，牛津大学赛德商学院的创业课程实行"要素组合制"，由核心课程＋选修课程＋集成项目＋应用实践＋人才发展计划五个模块构成。❶

4.2.3 导师制与科技园的运用

国外高等学校在学校内部推动整体性创业创新人才培养体系中形成导师制，导师对学生实施具有差异性和个性化的教学指导，目的在于培养多元化的创业创新人才。例如，在英国导师制出现得最早，从最初的导师作为监护人、保护者；到除了对学生学业、道德、生活等进行指导外，导师还在宗教神学指导方面具有重要职责；现今本科生导师制已成为牛津大学的教学制度。例如，2014年起赛德商学院对每位工商管理专业的学生加设"人才发展计划"，即从学生入学的第一天到毕业的最后一天，均安排老师与其一对一接触，提供全方位辅导，包括技能提升、就业指导、个人品牌发展等。这种指导方式会持续终身，成为学生未来创业的宝贵财富，可谓"一入牛津门，终身牛津人"。19世纪末美国以哈佛大学为代表才从欧洲引入导师制。不同于英国教学式的导师制，美国导师制度为"辅助制"，学生在进行专业研究时，可独自通过导师在选题、设计等方面

---

❶ 韩萌. 牛津大学"共生式"创业教育模式及其借鉴——基于商学院的实践［J］. 大学教育科学，2020（1）：51-57.

予以指导，也可通过项目方式在导师科研训练中提供指导。美国的斯坦福大学规定，每位教授要有科研项目用以指导高年级本科生或研究生，而学生需要完成教授规定的相关科研任务。

时下，科技园日益成为科技创新主体，这是高校创业创新人才培养的支撑平台。例如，英国的剑桥科学园、赫利奥特瓦特大学科学园、瓦克利大学科学园、曼彻斯特科学园。国外高校科学园区主要依托高校，服务在校师生，通过将高校中的基础研究和应用研究引入市场，强化与科研机构及企业合作，在开发新技术与产品的同时，发挥高校智囊团与思想库的作用，为创业创新人才的培养做出贡献。

4.3 国外高校创业创新人才培养模式对中国高校的启示

2014年8月18日，习近平主持召开中央财经领导小组第七次会议强调："我们要把人才资源开发放在科技创新最优先的位置，改革人才培养、引进、使用等机制，努力造就一批世界水平的科学家、科技领军人才、工程师和高水平创新团队，注重培养一线创新人才和青年科技人才。"在深化高校创业创新教育改革道路上，我国高校的创业创新教育改革坚持育人为本，以问题为导向，协同创新。其中，涉及创业创新人才培养机制、创业创新教育课程体系、创业创新教学改革、创业创新实践等改革，以及加强教师创业创新教育教学能力建设等。综上所述，国外高校创业创新教育的经验对当下建构高校创业创新人才培养有如下启示。

4.3.1　树立个性化的创业创新人才培养理念

2010年《国家中长期教育改革和发展规划纲要（2010—2020年）》发布，提出了要将创业创新人才培养模式、发展学生个性作为新时期深化教育体制改革的突破口。我国在创业创新人才培养中，强调个性化，承认学生个体的差异，注重以人为本。

国外高校着力培养学生个体的创业创新能力，为学生营造良好的环境，推进创业创新人才的成长与发展。美国教育学家和心理学家加德纳（H. Gardner）早在1983年就提出多元智能理论，认为人类思维和认识的方式是多元的，其理论内涵从弹性的、多因素组合的智力观出发，倡导教育要有全面的、多样化的人才观，积极的、平等的学生观，个性化的因材施教的教学观，以及多种多样的、以评价促发展的评价观。为此，我国创业创新教育要突破传统观念束缚，将高校素质教育、专业与学历教育紧扣创业创新教育，培养具有创业创新意识、能力的创业者。打破专业学科壁垒，重视数字化智能教育，着力打造多元化、个性化的教学环境，强调自主学习，培养独立思考，同时着力提升学生的合作能力，充分调动和发展学生潜能。

4.3.2　注重实践对创业创新人才培养的作用

我国在创业创新人才培养中，通过实现"产学研"一体化，使实践与理论教学结合、学校学习与创业实践融合。通过创业创新实践性教学建设，使学生不仅通过基础与各专业领域的创业创新教育课程习得创业知识和技能，还能获得广泛的课外创业创新教育机会。通过创业创新实践教学，提供师生创业创新所需要的环境、资源，发展创业生态环境，其中离不开推动机制、教学投入、知识技术与创业资源的支持。具体表现为：其一，学校开展的企业实践向专业认知、课程实训、综合实践一体化改进；其二，逐步完善"创业导向、企业参与、滚动分流、综合评价"的创业创新人才评价机制，如遴选企业创业创新人才工作站、建立联合培养基地，让大学生企业参与到企业文化产品"生产—销售—服务"全过程中去；其三，建设满足企业需求的创新集群，大学、政府、机构集群之间建立共同关联。

4.4　本章小结

本章首先从当今创业创新教育最具代表性的美国各大高校进行案例分析，发现美国高校形成一个"中心"、三个"结合"（"以学生为中心、课内与课外相结合、科学与人文相结合、教学与研究相结合"）的创业创新人才培养模式。基于对国外创业创新教育改革的经验分析，我国高校在创业创新人才培养理念与实践教学上获得启示，要改革传统创业创新教育的范畴，创建以技术创新为导向的个性化与多元化的大学创业生态系统。

国内高校创业创新人才培养现状

5.1 国内高校创业创新教育的特点

5.1.1 国内高校创业创新教育处于快速发展阶段

与美国、德国、法国、日本等发达国家相比，中国高校创业创新教育起步相对较晚，但是发展迅速。中国创业创新教育开始于20世纪末期，是以创新教育起步的。有一定代表性、提倡发展创新教育的较早研究是1989年魏发辰教授发表于《中国科技论坛》的文章《开展创新教育培养创新人才》。该篇文章指出，中国的学校教育并没有造就创新创造型人才，需要开展创新教育培养创新人才。❶ 1998年5月，清华大学举办的第一届创业计划大赛是早期创业教育较有

---

❶ 宋之帅. 工科高校创新创业教育模式研究 [D]. 合肥：合肥工业大学，2014.

影响力的实践探索。此次大赛历时5个多月，收到近120份大学生创业计划书。1998年12月24日教育部发布的《面向21世纪教育振兴行动计划》中提到，实施"高校高新技术产业化工程"，带动国家高新技术产业的发展，为培育经济新的增长点做贡献，主要包含以下内容：其一，高等学校要在国家创新工程中充分发挥自身优势，努力推动知识创新和技术创新，加快技术开发，围绕经济建设中的共性关键技术开展科技攻关，为改造传统产业、调整产业结构、加强农业和农村工作、培育国家经济发展新的增长点服务；其二，加强对教师和学生的创业教育，采取措施鼓励他们自主创办高新技术企业；其三，高等学校兴办高新技术企业，对于带动高新技术产业的发展，形成新的经济增长点，发挥了重要的动力和辐射源的作用，成为培养创新人才的实践基地，也为社会提供了新的就业机会。[1] 1999年举办的全国范围的首届"挑战杯"大学生创业大赛，掀起了国内高校开展创业计划大赛的热潮。许多高校开始进行创业创新教育的自发性探索，通过创业大赛这一载体涌现不少优秀的创业人才。

2001年，教育部在《关于大力推进高等学校创新创业教育和大学生自主创业工作的意见》中，正式将创业教育和创新教育整合到一起，要求高校更新教育思想观念，大力推进创业创新教育工作，提升人才培养质量。2002年，教育部在清华大学、北京航空航天大学、中国人民大学、上海交通大学、南京经济学院、武汉大学、西安交通大学、西北工业大学、黑龙江大学开展创业教育实践的试点。2016年，国内高校将创业创新教育课程纳入课堂教学计划。政府大力推动创业创新教育的政策，加速了全国高校创业创新教育的发展。

---

[1] 面向21世纪教育振兴行动计划［EB/OL］．（1998-12-24）［2021-07-07］. http：//www.moe.gov.cn/jyb_sjzl/moe_177/tnull_2487.html.

5.1.2 国内高校创业创新教育推动高教改革与创新

习近平总书记在2018年全国教育大会上指出，坚持深化教育改革创新，要深化教育体制改革，要深化办学体制和教育管理改革，着重培养创新型、复合型、应用型人才。[1] 创业创新教育本身是一种实用教育，结合实施制造强国战略、创新驱动发展、新型城镇化，统筹优化产业和教育结构，同步规划产教融合发展政策措施、实现途径、支持方式和重大项目，逐步提高行业企业参与办学程度，健全多元化办学体制，实现产教深度融合，全面推行校企协同育人机制。[2] 创业创新教育不但为国家培养创业创新型人才，而且是高等教育改革和创新的探索。首先，创业教育与创新教育原先是割裂开来谈的，但这不符合现实。因为创业的核心是创新，创业行为一定包含创新。现在通过创业创新教育将两者结合起来，在培养学生创业技能和创业意识的同时，灌输了创新理念，有利于培养创业创新型、复合型、应用型人才。其次，国内高等教育一直存在重视理论轻视实践的弱点，而创业创新教育强调理论和实践有机结合，除了理论教学还需要模拟仿真试验和实践活动，才能真正意义上完成创业创新人才培养过程。最后，创业创新教育自身也处于摸索前进的阶段，通过实践摸索出新的教育思想和理念、新的教学方法和培养模式，可以从创业创新教育理念、管理和体制、人才培养模式、教学方案设计、教学手段等多方面促进高等教育改革和创新。

---

[1] 袁自煌. 抓住首要问题指明方向目标 [J]. 中国高等教育, 2018 (18): 13-14.
[2] 查云飞, 刘霞. 新时代应用型高校创新创业教育的特点、挑战及前瞻 [J]. 创新与创业教育, 2020, 11 (5): 40-44.

5.1.3 国内高校创业创新教育各具特色

创业创新教育以培养具有创业基本素质和开创型个性人才为目标，培养适用于国家创业创新需要的创新型、复合型人才。❶ 国内许多高校在创业创新教育发展的 20 多年历程中，结合各自办学目标、学校自身特色，积极探索创业创新教育的人才培养模式，为提高高等教育质量，促进大学毕业生创业和就业，服务国家经济社会发展发挥了重要作用。

清华大学创业创新教育的理念是以"知识传授、能力培养和价值塑造"为目标，创业创新人才培养模式是"三位一体、三创融合、开放共享"。这一模式打破了校内院系专业壁垒，融合了校内教育资源，并通过"由创意到创新、再由创新到创业"层层递进的传导系统，将创新意识根植入学生思想中。❷

上海交通大学创业创新教育模式突出教学和实践共同发展的特色。2016 年，上海交通大学入选首批国家"双创示范基地"，学校建立了需求导向的学科专业结构和创业就业为牵引的人才培养类型结构调整新机制，将创业创新类课程纳入通识教育建设整体规划中，促进专业教育和创业创新教育的有机融合，同时加强创业创新教育领域的国际合作，与德国等欧洲国家开展创业暑期学校，共同开发创业项目的国际化实践，在创业学院探索设立相关学分，为更多海外高校学生来上海交通大学进行创业访学奠定基础，此外，学校还完善了创业创新专业指导服务，建设了多层次、全过程的本科生创

---

❶ 查云飞，刘霞. 新时代应用型高校创新创业教育的特点、挑战及前瞻［J］. 创新与创业教育，2020，11（5）：40-44.

❷ 李丹，金丹，潘敏，等. 清华大学创新创业教育模式对高职创新创业教育的启示［J］. 湖北开放职业学院学报，2019，255（1）：3-5.

新实践教学体系，形成课程设计项目的企业征集、产学联合指导毕业设计、学生带薪实习、企/行业人员学校开课常态化。[1]

理工类高校的创业创新教育主要依靠产学研合作平台，与企业建立长期合作来推进。财经类高校更重视参加"互联网+"创业创新大赛，建设创业创新课程，打造创业创新实践基地或孵化基地等。例如，上海财经大学成立"匡时班"，开展创业创新课程的集中模块化授课，设有"冠生园创业创新实践基地"、创客空间、创业诊所和醉学创业基金。上海财经大学的创业创新师资主要有跨学院校内导师和跨领域企业导师。中央财经大学的创业创新课程注重线上线下有机结合，开设全国创业类慕课，设有青年科研创新团队项目、"一街三园"大学生创业园孵化体系。中央财经大学的创业创新师资包括用人单位人力专家和职业生涯规划指导专家优秀校友。东北财经大学则注重创业创新实训类课程，并且编写创业创新立体化教材，建设了创新创业与实验教学中心，制订创业创新训练计划。东北财经大学有校内创业创新导师100名，校外企业家、创业成功人士、风险投资者和专家学者50名，专职创业创新教师25名。南京审计大学立项拨款资助创业创新课程，成立了校友创业联盟工作室，聘请了校友、政府、企业、高校多领域的专家作为顾问导师。总体而言，国内高校的创业创新教育在课程体系建设、师资队伍培养、校内外实践平台建设等方面都进行了有价值的实践，积累了丰富经验，也取得了长足发展。

---

[1] 上海交通大学. 架构创新创业教育与实践新格局［J］. 中国经贸导刊，2016 (30)：28-30.

5.2 国内高校创业创新人才培养中存在的问题

5.2.1 创业创新教育的体制有待完善

在国家鼓励"大众创业、万众创新"的背景下,国内高校积极推进创业创新教育,各高校在实践中摸索出了自己的创业创新人才培养模式,修订了创业创新课程体系,打造了创业创新师资队伍,建立了创业创新教育的扶持和激励制度。但是创业创新教育的体制仍存在有待完善之处。

创业创新教育体系的主体——政府、高校、企业,三者之间存在政策落地不顺畅,合作不顺畅的问题。虽然政府制定了激励高校学生创业创新的政策,但是涉及政策执行和落实的部门,如商业银行、工商管理部门、税务部门等,存在缺少配套政策或者配套政策较少,实际支持力度不够等问题。这些都影响了高校学生创业创新政策的落地。高校创业创新的教育资源、浓郁的科研氛围,让大学生容易产生创新点子,激发创业激情,但是待在"象牙塔"里的学生缺乏对行业实际情况的了解,其创新点子可能缺乏市场针对性和可行性。目前,虽然高校和企业在产学研结合转化等方面有合作机制,但是企业对学生创新点子的创业孵化参与程度不高,创业创新孵化机制主要依赖高校主导,以提高就业率为重要目的,大学生获得的创业创新支持可持续性不理想。[1] 此外,大学生创业创新实践活动因为缺少企业支撑,创业创新项目结合专业、科技创新和企业需

---

[1] 韩喜平,杨雪. 新时代大学生创新创业困境及教育路径[J]. 思想政治教育研究,2020,36(5):152-155.

求的项目很少,"摆地摊式"项目占多数。❶

　　高校内部各部门之间对创业创新教育存在管理不顺畅的问题。高校不同部门各自负责创业创新教育的部分职能,主要涉及教务处、学生工作处、研究生院、团委、创业创新学院等。这种各自为政的创业创新管理机制,首先,弱化了各个二级学院在创业创新教育中的作用,不利于创业创新教育与专业教育的融合;其次,创业创新教育管理的混乱,容易带来部门之间相互推诿责任,存在"踢皮球"现象。这都会影响师生参与创业创新教育的积极性,降低创业创新教育的效果。

5.2.2　创业创新师资亟须培养提高

　　创业创新师资是影响创业创新人才培养质量的重要因素。国内大部分高校的创业创新师资构成主要是学生辅导员、就业指导中心的教师、企业管理相关课程的教师,以及部分聘请的校外创业导师,专职的创业创新导师比较稀缺。这样的师资队伍缺少创业创新理论知识的系统培训,对创业创新的感性认识不足。创业创新师资构成的缺陷主要因为国内高校开展创业创新教育步伐较大,而师资队伍建设没有跟上。此外,创业创新教育还属于新兴领域,学科处于发展阶段,创业创新师资队伍没有明确的学科归属,因此师资队伍的"专业性"不强。再者,高校教师多数没有创业经验,对创业创新的理解仅停留在理论层面,颇有"纸上谈兵"的味道。而且校内创业创新师资不是专职教师,自身还有别的工作或者研究领域,投入创业创新研究的精力有限。此外,由于高校的评价体系中对创业创新的边缘化处理,使很多编内教师缺乏转型的动力,不愿意投入更多

---

　　❶ 沈云慈. 地方高校创新创业教育支持体系的构建:基于产学研协同全链条融通视角［J］. 中国高校科技,2020(12):72-76.

的精力在学生的创业创新活动和自身创业创新教学能力的提升中。❶而校外创业导师虽然可以为大学生提供创业的经验指导,但创业创新理论知识和教学经验的欠缺,使培养效果大打折扣。徐秀红、黄登良、肖红新的课题组曾于2019年对福建省高校2019届毕业生进行了创业创新教育背景下大学生就业满意度的问卷调查。针对问题"您认为学校最欠缺的创新创业教育资源是什么?",43.5%接受调查的毕业生选择了缺乏师资队伍;此外,接受调查的学生认为"完全满足创业创新课程需求"的教师比例仅为5.73%。❷

仓促上阵教学的师资队伍,教学水平参差不齐。主要表现在课堂教学过于偏重理论,教学手段比较单一、枯燥,常常照本宣科,师生互动不足,创业创新的理论教学与仿真试验、实践环节衔接不流畅等。徐秀红、黄登良、肖红新课题组的问卷调查也发现,40.55%接受调查的毕业生认为高校创业创新教育教学方法陈旧,主要通过"填鸭式"理论讲授,很少用启发式、探讨式、参与式的教学方式;62.73%接受调查的毕业生希望教师对创业项目进行具体的启发式、探讨式、参与式指导,而不是纯理论知识的讲授。创业创新优秀教学团队、创业创新教学名师、优秀青年导师缺乏更是制约创业创新教育发展的问题之一。❸

5.2.3　创业创新氛围不够浓厚

虽然国家大力支持创业创新教育的发展,然而国内高校创业创

---

❶ 黄兆信,杜金宸."双一流"建设高校学生对创新创业课程质量满意度研究[J].华东师范大学学报(教育科学版),2020(12):33-41.

❷ 徐秀红,黄登良,肖红新."双创"教育视域下大学生就业满意度探析[J].教育与职业,2020,969(17):67-72.

❸ 汪俞辰.高校创新创业教育模型构建及运行机制研究[J].教育与职业,2020(17):62-66.

新氛围依旧不够浓厚，主要表现为高校大学生毕业后直接创业的学生很少，大部分学生的毕业去向是就业和考研深造。高校创业创新氛围不强的原因是多方面的。首先，尽管创业创新教育纳入了高校人才培养体系，但是大部分学生参与创业创新教学和实践活动的主要目的是获取毕业必需的学分，内心深处进行创业创新的愿望淡薄。

其次，高校毕业生创业需要的第一笔资金投入，大部分来自家庭和亲友的资助，其他渠道的资金来源很少。政府给予毕业生的创业资金一是金额"杯水车薪"，二是有年限、项目性质等具体要求，最终只有少数优质创业项目能够得到资助。徐秀红、黄登良、肖红新课题组的调查结果证明了大学生创业缺少启动资金，参与调查的大学生38.77%都认为获取创业启动资金很困难。

再次，大学生缺少实践经验，与社会接触不多，几乎没有社会阅历，优质的创业创新项目不多，而且大学生创业的自信心不足，即使创业了也不易成功。校外创业导师对大学生创业创新项目的实质性指导也不充分。因为从企业角度看，投资回报率高的项目才是企业最看好且看重的，而大学生的创业创新项目往往不能在短期内实现高投资回报率。所以，校外创业导师深入参与高校创业创新人才培养的热情不高。目前校外导师主要通过作为各类创业创新大赛的评委参与创业创新人才培养，或者到高校不定期开展讲座等。

最后，高校毕业生创业成功的案例屈指可数，也抑制了学生们创业的热情，阻碍了学生们创业的脚步。中国"知足常乐，小富即安"，不鼓励挑战风险的传统文化，对大学生创业创新意识形成和产生有一定抑制作用。高校创业创新课程多为通识理论课程，无法满足大学生个性化的创业创新需求，不利于学生创业创新思维的培养和实践能力的训练。[1]

---

[1] 徐秀红，黄登良，肖红新."双创"教育视域下大学生就业满意度探析[J]. 教育与职业，2020，969（17）：67-72.

5.2.4 创业创新教学设计不合理

国内高校创业创新教学设计不合理，主要表现为：一方面，创业创新教育与专业教育的融合度较低；另一方面，创业创新教育的实践活动覆盖面小、内容单调、形式单一。这两个问题制约了创业创新教育的高质量发展，影响了创业创新人才培养质量的提高。

国内高校把创业创新课程纳入人才培养方案中，学生修够一定学分才满足毕业要求，但是创业创新类课程多数被设置为通识类课程，通识类课程专业性不突出，重在培养学生的人文素养和科学素养，因此作为通识类课程的创业创新课程目的是培养学生的创业创新意识。然而，创业创新活动的成功开展本质上除了创业创新者具备创业创新意识之外，更需要具备一定的专业知识，具备企业家特质。这些需要创业创新教育和专业教育相结合。此外，通识类课程一般属于理论课性质，而创业创新课程还需要结合仿真试验、"第二课堂"的实践活动等，让学生在"干中学"，培养创业创新能力，甚至产生创业创新的好点子。

目前国内高校的创业创新实践活动主要有创业创新主题的讲座、创业创新竞赛、创业园入驻、路演、企业导师辅导等。讲座类活动学生都可以参加，而创业创新竞赛等活动需要学生有创业项目才可以参加。因此，创业创新实践活动的覆盖面有限。就创业创新实践活动的内容而言，以技术创新为主的项目偏少，多数项目以"互联网"为平台销售产品等，就是此类项目也仅仅为电子商务的低端项目，总体来说大学生创业项目的创新性不强，因此创业项目成功率低、可持续性弱。此外，学生进行创业创新实践活动的主要渠道是"互联网+"创业大赛，高校创业孵化平台利用率偏低。因为宣传不够，近80%的学生对高校创业孵化平台缺乏了解，特别是硕士生、

博士生和低年级本科生,学生对学校组织的各类创业创新相关活动及讲座也是了解较少。❶

5.2.5 "互联网+"背景下现行创业创新教育体系的缺陷

国内高校创业创新教育除了上述问题之外,随着中国经济发展进入新的阶段,互联网经济快速发展,不但产生了新的行业,还与传统行业相结合带来新变化,这些带来了社会对大学毕业生创业创新能力的新要求,暴露了现行创业创新教育体系的诸多不足。

1. 创业创新教育体系中各个主体参与程度不平衡

虽然创业创新教育体系中的主体是政府、企业、高校,但是三者在教育活动中投入的资源不同,参与程度也不均衡。一般情况是政府给政策,高校负责创业创新教育活动的组织和实施,企业参与创业创新教育中的实践环节。具体实践中三个主体之间的资源经常无法融合,不是简单叠加就是强行嵌入,创业创新教育体系运转不顺畅,最终影响了创业创新人才培养质量。在"互联网+"背景下,这一不足之处的不良影响将会更加凸显。因为互联网经济最终实践者是企业,企业在生产经营活动中非常清楚自身需要什么样的创业创新人才。因此,在"互联网+"背景下的创业创新教育体系中,企业应该发挥更大作用,通过与高校的紧密配合,及时反馈对创业创新人才需求的变化,让高校在具体实践中调整人才培养模式和方法,让政府及时调整政策为人才培养提供良好规制环境。

---

❶ 徐秀红,黄登良,肖红新."双创"教育视域下大学生就业满意度探析[J]. 教育与职业,2020,969(17):67-72.

2. 创业创新教育体系的结构设计不精确

现行创业创新教育体系的实践教学环节相对薄弱，而且针对性与实效性不强，理论与实践结合不紧密，实践教学方法过于单一，也缺乏宏观设计与系统规划。目前实践教学环节以仿真模拟实验、参观实训等为主，对学科竞赛、创业孵化、成果转化等创业创新类的实践活动组织和开展较少。其外，实践教学环节中缺少针对"互联网+"背景下创业创新的实践活动，不利于相应创业创新人才能力的培养。因此，在"互联网+"背景下的创业创新教育体系结构设计中要增加"互联网+"元素，以提高人才培养的针对性和实效性。

3. 创业创新教育体系的系统协同性不强

创业创新教育体系是一个系统，其中涉及多个主体以及主体之间的相互影响和作用，因此，协同很重要。协同包括各个主体之间的协调，如政府、高校、企业之间的协调；协同还包括每个主体作为子系统的内部协调，如高校开展创业创新教育活动时，要考虑相关政策落地落实、师资队伍建设、专业实验实训、参观走访实习、科技创新竞赛申报、创业项目风投、网络虚拟实践、科研成果转化、课程体系建设等诸多要素。[1] 在"互联网+"背景下，创业创新教育体系中的协同比以往更重要。因为互联网经济需要比以往更快的反应速度，这要求创业创新教育体系中主体之间、各主体的子系统内部都能通过协同发展，尽快形成步调一致的创业创新人才培养步伐，即通过系统各要素之间的相互协调，产生协同效应，以提高创业创新教育体系人才培养的精确性，保证人才培养的高质量。

---

[1] 安美忱. 高校创新创业教育"立体化"新模式研究 [J]. 黑龙江高教研究, 2020, 318 (10): 108–113.

5.3　国内高校创业创新人才培养的发展趋势

针对上述问题，国内高校进行了创业创新教育的改革探索，尤其是"互联网+"背景下创业创新人才培养的摸索。

5.3.1　创业创新教育体系完善

本书第2章构建的"互联网+"背景下创业创新教育理论框架中，创业创新教育体系中的三个主体：政府、高校和企业之间的权责利要明确，体系内部需要建立协同机制，才能有效保证创业创新人才培养的质量。国内高校现阶段在这些方面进行了有益的实践。

1. 突出高校主导

创业创新教育体系中突出高校的教育主导地位。因为创业创新人才培养的直接负责方和实际执行方是高校，从创业创新课程体系的设计、创业创新师资队伍的建设，到创业创新氛围的营造，都需要高校主力推动。在此基础上，国内不少高校根据全员参与、全过程实施、全方位推进的创业创新教育理念，建立了创业创新课程体系，这一课程体系注重创业创新的通识教育和专业教育相配合，创业创新的理论教学和实践活动相结合，创业创新的必修课程与选修课程相兼顾。此外，国内很多高校越来越重视动员和组织学生参与创业创新大赛、学科专业竞赛、假期社会实践活动、创业孵化、导师的科研活动等，通过这些渠道充分建设和利用好第二课堂，让创业创新人才培养过程从课堂内延伸到课堂外。

2. 建立协同机制

创业创新教育体系内部要建立起协同机制。这一协同机制涉及创业创新教育的方方面面，政府制定的各类创业创新扶持政策之间的协同，以及相关政策执行和落实部门之间的协同；高校和企业在培育创业创新项目之间的协同；高校内部参与创业创新人才培养过程的相关部门之间的协同；高校内部创业创新课程与专业课程之间的协同；高校内部创业创新理论教学与实践教学之间的协同。就高校、政府、企业之间的协同而言，建立健全统一领导、上下联动、齐抓共管的创业创新教育组织机制和领导机制，这种机制以高校为主导，政府、企业、高校、科研院所、相关社会服务机构之间加强联系，定期研究推进创业创新教育有关事宜。就高校和企业之间的协同而言，建立多渠道多形式的合作机制，包括政产学研协同育人机制、社会化合作机制等。[1] 就高校内部各部门之间的协同而言，由一个部门统筹管理和协调创业创新人才培养的全过程，其余部门分职责保障创业创新人才培养过程中的不同环节。

5.3.2 创业创新教学方式改革

1. 因人施教的个性化培养

创业创新意识受到每个人的性格影响，要激发学生的创业创新意识，需要满足学生的个性化发展需求。因此，创业创新教育和专业教育相比，更需要尊重学生个性，因人施教。在课堂教学过程中，避免"标准化""模板式"的教学方式，注意问题式、启发式教学，

---

[1] 宋之帅，王章豹. 我国创新创业教育生态系统演进历程与发展趋势 [J]. 中国高等教育，2020（2）：38-39，54.

如可以布置体现学生个性化特质的任务，让学生的个性在任务完成过程中得以充分体现和展示。让学生在一个创新主题或者创新问题之下进行自主地挖掘和探索；在这样的个性化创新教育实施中，可以鼓励学生通过合作探究、团队协作沟通的方式进行。❶ 在创业创新实践环节的安排方面，应注意根据学生个性的不同，安排适当的实践任务，在创业创新的理论学习和实践探索过程中，让不同个性的学生都能感受到创新的乐趣。教师在创业创新个性化人才培养过程中，要处于配角位置，对整个教育过程进行辅助和引导，让学生发挥自身主观能动性，进行创业创新的实践、思考、分析和钻研，从而激发起创业创新意识，培养起创业创新能力。

2. 重视创业创新知识拓展

创业创新教育的目的是希望通过创业创新课程的学习，让学生掌握创业创新知识、技术，培养创业创新精神，具备创业创新实践能力。创业创新知识和技术的特点是时刻处于更新和变化中，与别的学科交叉融合多。因此，在创业创新理论教学和实践能力培养过程中，注重相关知识的更新和拓展，保持与最前沿的科技发展和创新技术结合，让教学始终具有先进性。❷ 此外，创业创新教师在教学过程中要坚持"专业而博学"的原则，注重多学科交叉融合，不但教授创业创新的知识，还要教授相近学科、跨界学科的知识。通过创业创新知识的拓展，不但拓宽了学生的知识面，而且全面提升了学生的综合创业创新能力，如此学生"站得更高，看得更远"，更容易点燃创意"小火花"，增加创业成功率。

---

❶ 高岩. 高校创新创业教育存在的问题及改进建议 [J]. 呼伦贝尔学院学报，2020，28（4）：103-105.
❷ 覃东欢，许伟，王丹. 大学生课外科技创新活动的实践及创新能力培养研究 [J]. 高教学刊，2019（25）：25-27.

3. 注重创业创新实践活动多样化

国内高校在创业创新实践活动中也尝试了开展创业创新实践活动的新方式，如"校企合作的工作室制""项目制""本科导师制"等。通过学生加入校企合作的工作室，参与前沿科技创新具体工作，在特定领域做更深入的研究学习，促进学生创新实践能力的提升，激发学生创业意识和塑造创业能力。或者通过项目带动创新实践，在高校创新教育教学中以具体科技创新项目为依托进行教学。在项目实践中融合创新知识、多学科知识、实践技术等，通过项目操作和评价，提高学生的创业创新能力。[1] 此外，在创业创新实践活动中，除了形式的创新，内容也需要"更新"，要跟进科技变化，以具有前沿性的科技创新主题为核心，开展创业创新实践活动。数字经济时代，创业创新实践活动要增加"互联网"元素，组织学生积极参与"互联网+"创业大赛等，并邀请校外专业人士、企业家进学校给学生点评和指导，通过科技创新知识考核、创业创新意识比拼、创业创新实践检验等，让学生获得创业创新知识能力提升的同时，获得更多的校外创业创新资源。

5.3.3　创业创新师资队伍的培养和升级

创业创新师资队伍建设需要两条腿走路，在培养新师资的同时，注意加强现有师资的培训。现有创业创新教师大部分具有各个学科背景和专业研究能力，不足的是创业创新专门知识和授课理念与方法需要补充和更新。根据这种情况，对创业创新师资中的新入职教师、中老年教师、行政教辅管理人员，采取分层次、

---

[1] 高岩. 高校创新创业教育存在的问题及改进建议 [J]. 呼伦贝尔学院学报，2020，28（4）：103-105.

分类别教育。例如，实施"青年教师培养"计划，帮助新入职教师制定职业生涯规划，树立近期目标和长期目标，实施全过程的人才培养与发展跟踪，促进其实现专业成长。"互联网+"背景下，许多高校还建立了网络培训系统，为教师自主学习提供平台，形成线上线下深度融合的创业创新教育教师培训体系；创建创业创新教育网络课程平台，为教师提供多样化的、丰富的优质课程资源；鼓励教师使用手机、平板电脑等移动互联网设备，随时随地利用碎片化时间进行学习。❶

此外，高校还利用校企合作平台，让创业创新教师到企业去实践。例如，应用型高校要求新入职的创业创新教师到企业实训半年才能正式上岗；在校的创业创新教师每两年需到企业实训不少于两个月。总之，大学鼓励创业创新教师走出校园到企业中去，通过一线的实践锻炼，掌握前沿的技术和知识，跟上时代发展变化，并将自身专业知识与创业创新知识结合，在实践中感悟创业创新精神，返回学校后，更好地组织创业创新教学活动。

除了重视创业创新师资队伍培训之外，国内高校也在师资评价体系上进行改革，建立健全考核机制，完善创业创新教育教师薪酬及福利管理制度、教学质量考核办法、教师下企业实践管理办法等，使教师的绩效工资、年终考核、职称评定和晋升等都与创业创新教育工作直接挂钩，从而提升教师的工作积极性。同时，高校在激励创新创业教育教师不断改革教学的进程中，应重视教师信息反馈，根据教师的意见和建议适时调整奖惩措施。❷

---

❶ 姚圣卓，王传涛，田洪森. 应用型高校创新创业教育师资队伍建设的问题与路径［J］. 教育与职业，2020，965（13）：69-74.
❷ 同❶.

5.3.4 创业创新教育氛围营造

在国家鼓励创业创新的背景下，高校内部需要营造开放、包容、自由的教和学的环境。这样的氛围会让教师主动完善创业创新课程设置，改进现有教学手段，尝试新的教学方法，想方设法调动校内外可用的教学和实践资源，促进创业创新人才培养的改革。兼容并蓄的环境更容易在教学和科研过程中激发教师的创新想法。同样，在包容、宽松、自由的学习环境中，学生的创意更容易萌芽和诞生，借助学校的孵化平台，并得到校内创业创新教师以及校外创业导师的指导，学生的创意就像一粒种子，逐渐成长壮大为一个创业项目。如此，创业创新精神将在校园里，甚至更大的范围内扩散和传播开来。[1]

5.4 本章小结

本章描述了国内高校创业创新人才培养的现状，总结了现阶段创业创新人才培养存在的问题，以及归纳了国内高校针对问题做的改革尝试。这些尝试主要集中在创业创新教育体系的完善、教学方式的改革、师资水平的提高等方面。这些对后续章节的创业创新人才培养模式改革的思路具有参考价值。

---

[1] 梁琍. 我国高校创新创业教育面临的问题与发展趋势［J］. 中国多媒体与网络教学学报，2019（1）：71-72.

"互联网+"背景下高校创业创新人才培养模式改革思路

6.1 "互联网+"背景下高校创业创新人才培养目标的调整

6.1.1 适应市场的人才需求变化

近些年,国际经济政治环境发生了很大变化,逆全球化浪潮带来全球贸易保护主义盛行,2020年突发的新冠肺炎疫情使诸多国家经济陷入停滞或衰退,全球贸易锐减。这些变化给传统思维下的高校人才培养模式带来极大冲击。同时,危机带来新机会,互联网飞速发展促进了传统业态升级,催生了新业态,也为高校人才培养模式的调整明确了方向:适应市场对人才的新需求,培养学生学习思考能力的同时，重视培养创业创新能力。

《国家中长期教育改革和发展规划纲要（2010—2020年）》[简称《发展规划纲要（2010—2020年）》]在"提高人才培养质量"中指出，牢固确立人才培养在高校工作中的中心地位，着力培养信念执着、品德优良、知识丰富、本领过硬的高素质专门人才和拔尖创新人才；为此需要加强就业创业教育和就业指导服务，创立高校与科研院所、行业、企业联合培养人才的新机制。❶《发展规划纲要（2010—2020年）》在"提升科学研究水平"中还指出，促进科研与教学互动、与创新人才培养相结合。可见，培养学生的创新能力成为现在高等学校人才培养的重要目标之一。

此外，对于大部分地方高校来说，人才培养目标还需要兼顾为地方社会经济文化发展输送高素质人才，因为地方高校的毕业生大部分留在当地就业。因此，地方高校人才培养除了要适应国内外市场需求，还需要注意地方经济发展对人才的个性需求，具体可以概括为：立足当地，胸怀世界，厚基础，宽口径，强能力，重创新。

6.1.2 特色培养与能力构建并重

"互联网+"背景下，高校人才培养更要注重特色与能力并重，概括来说，高校毕业生需要具备学习思考能力和创业创新能力，这两项能力的具体构成见表6-1。对于高校毕业生而言，学习思考能力是学生终身学习、自主学习素养的基础，有了这个能力今后无论外部环境如何变化、工作岗位如何调整，都能够尽快自我更新知识，尽早适应变化，具体而言，学生在复杂多变的经济环境中，能够准

---

❶ 国家中长期教育改革和发展规划纲要（2010—2020年）[EB/OL].（2014 – 07 – 15）[2019 – 12 – 20]. http：//old. moe. gov. cn/publicfiles/business/htmlfiles/moe/info_list/201407/xxgk_171904. html? authkey = gwbux.

确、迅速了解本学科发展的规律和方向，容易理解和掌握新知识和新技术。创业创新能力是学习思考能力的升华，具备这个能力，学生养成独立思考、勇于探索、敢担风险、乐于创新的精神，具体而言，学生能熟悉国际市场环境，敏锐捕捉商机、创造商机、开拓市场。

表6-1 "互联网+"下高校毕业生创业创新能力构成

能力	能力分解	内容
学习思考能力	获取知识的能力	养成良好的自学习惯，学会利用现代科技与信息等高效的渠道和途径获取新知识，具备自我学习知识、自我消化知识、自我更新知识的能力
	运用知识的能力	具备洞察问题、提炼问题、综合运用本专业的基础理论、专业知识研究和解决问题的能力
创业创新能力	跨文化交流的能力	培养跨文化交流的浓厚兴趣，养成尊重世界不同国家和地区文化及风俗等的良好素养，在读、说、听、写、译等各个方面熟练掌握一门外语
	创新思维的能力	养成独立思考、创新思维的习惯，具备进取意识和探索精神，拥有良好的创新能力、创业能力和科学研究能力

"互联网+"背景下地方高校的创业创新人才培养除了具备上述能力外还需要突出特色。根据当地区位优势，结合当地经济社会发展的需要，利用地方高校的办学特色，充分联系当地企事业单位，通过"产学研"结合，使毕业生不但具备所学专业的知识与技能，而且具备适应当地经济社会发展需要的能力。

6.1.3 "互联网+"高校创业创新人才培养模式改革方向

因为全国高校众多，专业也是五花八门，每个高校和专业的具体情况不同，所以"互联网+"背景下的创业创新人才培养模式改革方式也将千差万别。本书根据前文所述的"互联网+"下高校创业创新人才培养目的，结合作者熟悉的广西大学国际经济与贸易专业的人才培养情况，以该专业为例，提出地方高校的国际经济与贸易专业人才培养模式的改革方向。

1. 突出地方特色

地方高校的国际经济与贸易专业人才体系从培养方案、课程设置、课堂教学、实践教学、师资培养等方面，都需要紧扣地方特色进行调整。广西高校的国际经济与贸易专业人才培养过程中，东盟、西部陆海新通道、中国（广西）自由贸易试验区、粤港澳大湾区等关键词，在培养方案中都要充分体现。在课程设置方面，不少学校开设了与东南亚国家联盟（以下简称东盟）有关的课程或者专题，如广西大学国际经济与贸易专业选修课中有"中国—东盟经济专题""中国—东盟文化专题"，北部湾大学国际经济与贸易专业开设了"东南亚经济贸易"课程。沿海的高校，其课程设置更突出海洋经济特色，物流、港口等服务于国际贸易发展的课程很受重视，如北部湾大学作为精品课程建设的"现代港口物流"。此外，互联网经济时代，国际贸易营商模式发生变化，电子商务迅速发展，都需要高校及时调整国际贸易人才培养内容和规格。

2. 重视人才培养的超前意识

国际贸易活动的复杂性、多变性，学科之间不断交叉渗透，都要求国际经济与贸易人才培养模式要有超前意识。具体来说，在课程设置上要体现学科知识的融合性，通过学校学习帮助学生构建宽泛的理论知识体系。培养思路上要强调能力培养重于知识灌输，素质培养高于分数判定，通过学校学习，帮助学生建立终身学习与创新的能力。在今后的工作中，具备超前意识的学生，才能敏锐感知

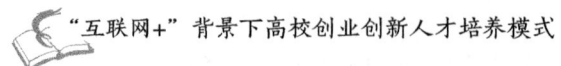

环境变化,并且不畏惧改变,有创新精神。

3. 理论与实践学习并举

在现在国际经济与贸易本科专业的培养过程中,理论教学、课堂授课占据很大比重,实践教学的课时安排不足,教学手段和方法也较为单调。而"互联网+"下国际经济与贸易专业人才培养日渐重视创业创新能力,故此培养方案中,需要改变重视理论学习,轻视实践学习的设计。而且在理论教学中,重视理论与实践相结合,培养学生理论联系实际的能力。此外,课程考核方式要多元化,改变单纯依赖笔试判断学习效果的方式。高校里的第二课堂也需要充分利用起来,培养学生的实践能力。加强校企合作,也是理论与实践学习并重的一条好途径。

6.2 高校创业创新人才培养方案修订: 以国际经济与贸易专业为例

6.2.1 理论、实践课程在人才培养中的作用

国际贸易学科属于应用经济学一级学科下的二级学科,因此本科院校的国际经济与贸易专业培养方案中的课程体系,既要重视理论课程的设计,又不能忽视实践课程与实践环节的设计。而且在"互联网+"的背景下,为了培养学生的创业创新能力,实践课程与实践环节的重要性日益突出。

理论类课程是构筑学生能力的基石。因为作为本科毕业生不但要具备"知其然"的能力,还要具备"知其所以然"的能力。"磨

刀不误砍柴工",在国际经济与贸易本科生培养过程中,大量理论类课程的学习相当于"磨刀"。学生通过学门核心课程、学类核心课程、专业核心课程、专业选修课程等理论课程的学习,不但掌握了国际经济与贸易的相关理论,了解了国际贸易运作流程等理论问题,而且逐渐培养和锻炼了学习思考能力。学生只有在具备学习思考能力的基础上,才能通过实践类课程的锻炼,更好地培养创业创新能力。

实践类课程是锻炼学生能力的"试金石"。本科生通过国际贸易的仿真类实验课程、寒暑假社会实践活动、创业创新比赛、学年论文、毕业论文、毕业实习等实践类课程的参与,能够将所学的理论知识付诸实践。学生学习实践类课程的过程中,通过模仿、思考,磨炼了发现问题、分析问题、解决问题的能力,对于某些问题,甚至能够给出创新的解决方案,最终实现学习思考能力向创业创新能力的升华。

6.2.2 培养方案中的课程设置

1. "互联网+"国际经济与贸易创业创新人才的素质与知识结构

在"互联网+"下国际经济与贸易创业创新人才需要具备的素质包括:思想道德素质、科学文化素质、专业素质和身心素质等(见表6-2)。根据"互联网+"下国际经济与贸易创业创新人才的素质解读,可知,国际经济与贸易专业的培养方案,应该帮助学生构筑完备的知识结构。具体而言,"互联网+"下国际经济与贸易创业创新人才的知识体系包括:基础性知识、专业性知识、工具性知识和通识性知识(见表6-3)。

表6–2 "互联网+"下国际经济与贸易创业创新人才素质

素质类型	解读
思想道德素质	坚定正确的政治方向,树立正确的世界观、人生观、价值观,遵纪守法,诚信为人,富于进取,具有团队意识
科学文化素质	具有良好的人文和艺术修养、审美情趣及文字、语言表达能力,具有全球化视野,掌握自然科学常识,跟踪科技发展动态,对中外优秀传统文化与思想有一定的了解
专业素质	具有扎实的经济学理论基础和专业知识,掌握经济学、国际经济学等学科门类的基本理论、分析方法和发展动态,了解主要国家和地区的经济发展状况、经贸政策法规和世界贸易组织相关知识,掌握商务经营活动中的操作技巧,具备从事经济贸易理论研究或商务活动的基本技能
身心素质	具有良好的生活习惯、健康的体魄和良好的心理品质

表6–3 "互联网+"下国际经济与贸易创业创新人才的知识结构

知识类型	解读
基础性知识	接受经济学理论和研究方法的系统训练,扎实掌握国际经济与贸易类专业基础理论、基本知识和基本技能
专业性知识	了解从事国内外国际经济与贸易活动的法律法规和惯例,掌握国内外国际经济与贸易活动专门知识的基本原理,熟悉商务活动的业务内容、业务流程及商务文书的中外文写作规范
工具性知识	具备从事本专业学术研究和实务操作所必需的数学、外语、计算机、互联网等相关知识
通识性知识	具备一定的文学、历史、哲学、艺术、管理、法律等方面的知识,了解人类文明发展和世界优秀思想文化,掌握科学常识和现代科技发展趋势

根据"互联网+"下国际国际贸易创业创新人才的知识结构,人才培养方案中的课程设置在已有框架下做出适当调整。总体而言,培养方案分为两大模块：理论类课程、实践类课程和活动。理论类课程包含通识教育课程、学门核心课程、学类核心课程、专业核心

课程、专业选修课程。实践类课程和活动包含仿真实验课程、校内外的实践活动。

2. 理论类课程的设置

通识教育课程的设置和学分规定符合中华人民共和国教育部的规定和要求，本科高校自主进行课程和学分调整的空间不大。通识教育课程主要教授文学、历史、哲学、艺术、管理、法律等方面的知识，以及从事本专业学术研究和实务操作所必需的数学、外语、计算机、互联网等相关知识。通识教育课程能拓展学生的知识面，主要培养学生的思想道德素质、科学文化素质和身心素质。通识教育课程一般包括思政教育类课程、大学英语、计算机基础、创业创新基础知识等。

学门核心课程、学类核心课程是经济与工商管理类专业的基础必修课程，其中学门核心课程是经济类专业、工商管理类专业共同必修的基础课程；学类核心课程是经济类专业必修的基础课程。通过学门核心课程、学类核心课程的学习，学生能够得到经济学理论和研究方法的系统训练，掌握经济与贸易类专业基础理论、基本知识和基本技能。学门核心课程、学类核心课程主要培养学生的专业素质，同时通过课堂教学过程中，教师将思政教育与专业知识的结合，还可以塑造学生的思想道德素质。学门核心课程主要包括"高等数学""线性代数""概率论与数理统计""微观经济学""宏观经济学""政治经济学"等。学类核心课程主要包括"统计学原理""基础会计学""世界经济概论""金融学""管理学""财政学""计量经济学""国际贸易学""国际金融"等。

专业核心课程、专业选修课程是国际经济与贸易专业区别于其他专业的课程，其中专业核心课程是培养方案中学生必修的专业课，专业选修课程是学生根据个人兴趣、个人未来发展规划，于所在高校开设的课程范围内，自行选择学习的专业课程。通过专业核心、选修课程的学习，学生能够了解从事国内外经济与贸易活动的法律法规和惯例，掌握国内外经济与贸易活动专门知识的基本原理，熟悉商务活动的业务内容、业务流程及商务文书的中外文写作规范。专业核心课程、选修课程主要培养学生的专业素质，兼顾塑造思想道德素质。专业核心课程主要包括"国际贸易实务国际商务函电""国际商法""国际经济合作""国际电子商务""商务英语""国际投资""国际商务谈判""国际结算""国际物流管理"等。专业选修课程主要包括"商务英语听说""跨文化管理""世界贸易史""海关概论与实务""国际货运代理""跨国公司运作与管理""经济法"等。

3. 实践类课程与活动的安排

实践教学环节是指通过理论与实践、知识与能力、动手与动脑相结合的实践性教学过程，对于学生综合素质和能力的提高有着至关重要的作用。[1] 实践类课程与活动主要培养学生的专业素质、身心素质、思想道德素质。实践类课程和活动主要包括安全教育与军事训练、劳动、逻辑与批判性思维训练、国际贸易实务操作、电子商务实务操作、创业创新虚拟仿真实训、学年论文、毕业实习、毕业论文、中文写作实训，以及寒暑假的社会实践互动等。

培养方案的修订除了课程设置的调整之外，总学分、各类课程的学分比例也需要调整。以广西大学为例，目前最新版的国际经济与贸易专业本科生培养方案规定，基本学制4年，最长修业年限6年，按照学分制管理，学生毕业最低学分数为160学分，其中实践类课程与活动要求学分数为25分。此外，培养方案中还专门规定创

---

[1] 黄素心. 国贸专业实验实训平台建设与教学改革探讨 [J]. 商业经济, 2013, 420 (4): 122–124.

业创新实践学分分为"高级研究性学分""竞赛学分""技能学分""社会实践学分""创业实践学分"。学生须修满4个创业创新实践学分才能符合毕业学分要求。

6.3 高校创业创新人才培养的实践教学改进：以国际经济与贸易专业为例

传统的实践教学体系一般分为课堂实验课程与课外实践活动两大部分。针对"互联网+"创业创新人才能力的要求，本科院校需要对实践教学体系进行外延和内涵的调整。就外延扩展而言，实践教学体系可以变为三大模块：校内仿真实验模块、校外实践模块、竞赛模块。就内涵深化而言，实践教学体系需要根据市场对人才的需求变化，及时更新各个模块的教学实践内容和教学方法与手段。此外，实践教学环节应该贯穿整个大学四年，并与理论教学有机结合，培养学生单项操作能力的实训和培养学生综合能力的实训要合理科学地衔接，而且国际经济与贸易专业的专业实践教学课程体系设置应抓住专业核心、突出专业特色和强化职业能力。❶

6.3.1 实践教学体系的外延扩展

1. 模块一：校内仿真实验模块

校内仿真实验教学可以分为两大类，一类是基础性实践教学；另一类是专业性实践教学。基础性实践教学主要是逻辑与批判性思

---

❶ 翁玮. 国际经济与贸易专业实践教学改革［J］. 学术探索，2013（10）：153－156.

维训练、中文写作实训、创业创新虚拟仿真实训等。其中，创业创新虚拟仿真实训，是创业创新教学的实验环节，在学生学习通识教育课程"创业创新基础知识"之后，利用教学软件平台进行创业创新的模拟实验，目的是提高学生理论联系实际的能力和动手实操能力，激发和培养创业创新意识。专业性实践教学是国际经济与贸易专业的综合实验课程，主要是国际贸易实务操作、电子商务实务操作、学年论文、毕业论文等。其中，"国际贸易实务操作""电子商务实务操作"，是国际经济与贸易专业相关课程理论教学之后的实验环节，安排在"国际贸易实务""国际商务函电""国际结算""国际商务函电"等理论部分讲授完成之后进行。其中，"国际贸易实务操作"是国际经济与贸易专业的综合性实验课程，学生通过进出口模拟软件、外贸单证等，对所学知识进行仿真演练，内容包括交易前准备、交易磋商、合同签订、信用证审核与修改、出口托运、租船订舱、投保、出口货物报验、报关、出口制单结汇等一系列外贸业务流程。这些专业性强的综合实验课程，主要培养学生对国际经济与贸易专业知识综合运用的能力以及实验项目设计和操作能力。❶

2. 模块二：校外实践模块

校外实践环节是学生的认知性实践训练活动，分为两大类，一类是寒暑假的社会实践活动；另一类是毕业实习。寒暑假的社会实践活动包括学校组织的到广西各县市的调研活动，以及学生自己安排的到企事业单位的短期实习。这些校外社会实践活动使学生离开学校这个"象牙塔"，切实接触社会，增强感性认识，锻炼了社会认知能力。毕业实习是学生毕业之前，到企事业单位从事至少1个月的专业工作的实践活动。与寒暑假社会实践不同，毕业实习更锻炼

---

❶ 颜海明. 应用型本科院校国际经济与贸易专业实践教学体系改革探析：以安徽科技学院财经学院为例[J]. 中外企业家，2013，423（5）：227-229.

学生专业知识的运用能力。校外实践环节弥补了校内仿真实验教学脱离现实的短板。

3. 模块三：竞赛模块❶

竞赛模块是传统实践教学体系中常常被忽视的一个环节。自2014年国家提出"大众创业、万众创新"之后，各级各类创业创新大赛为大学生提供了锻炼创业创新能力的机会。近几年大学毕业生就业压力较大，而2020年新冠肺炎疫情带来的经济下滑进一步加剧了毕业生的就业压力。在此背景下，毕业生的创业创新能力培养更为重要和迫切。通过参与创业创新大赛，有利于学生实践学过的创业创新理论知识。除了创业创新大赛，还可以组织学生参与各种校外比赛，如国际贸易职业技能竞赛，有利于学生综合运用国际贸易理论知识和技能。此外，充分利用"第二课堂"，以学生社团为依托，让学生自行组织各类校内比赛，如商务英语口语大赛。这些竞赛不仅增强了学生团队协作精神，而且提高了学生的社会竞争能力、职业能力和创业创新能力。

6.3.2 实践教学体系的内涵深化

1. 校内仿真教学手段的多样化

虽然各类国际贸易模拟软件依照实际国际交易流程设计，能够让学生通过操作软件，把书本上学到的国际贸易实务流程体验一遍。但是，现实中国际贸易的一些场景和功能无法通过软件复制，如市场的变化、风险等。为了弥补这部分的不足，让校内仿真实验更贴近现实，

---

❶ 关于竞赛对"互联网+"创业创新能力的作用，将在后续研究章节中详解。

可以增加校内仿真模拟训练。仿真模拟训练分为两种，第一种是课堂仿真模拟训练，即在相应课程设置小组模拟训练，如在"国际商务谈判跨文化管理""商务英语""商务英语听说""国际贸易实务"等课程教学过程中，让学生分小组，根据教师设置的模拟情景和任务要求，学生建立自己的公司，模拟外贸交易的相关流程；第二种是课外仿真模拟训练，即利用"第二课堂"等课外实践活动，如组织国际商务技能竞赛，或者以创业创新项目方式，学生创建自己的外贸公司，聘请校外经验丰富的外贸从业人员作为实践导师，并让校内各课程任课教师作为校内导师，学生根据竞赛或者项目的要求，完整模拟操作整个国际贸易流程，并采用路演、研究报告等方式，将公司运营绩效等提交给评委或者指导教师。因为师资受限，有些高校无法实现课外仿真模拟训练项目的常态化，但是，课堂仿真模拟训练完全可以实现。

2. 考核方式和评价的创新性

传统的考试方式是开卷或者闭卷的笔试，但是这样的方式更适合理论类课程的考核。对于实践类课程和活动，评价体系与理论类课程不同，考核方式也需要考虑实践类教学活动的特点。实践类课程和活动的考核需要充分考虑实验过程中的表现，不应仅依据实验结果。对于校内仿真实验模块，考核方式采用实验课堂表现与实验报告综合的方式，以百分制呈现，实验课堂表现占总分数的50%，主要依据学生出勤率、实验时的参与情况，以及最终实验结果等，实验报告占总分数的50%，内容包括实验过程的描述，实验的收获与体会等。这样的考核方式，不但实现了过程管理，而且通过实验报告可以判断学生实验中是否认真实践，理论与实践相结合的程度如何，真正做到全面、准确地评价学习效果。对于校外实践模块，寒暑假的社会实践活动、毕业实习，考核方式采用实践报告、实习报告的方式，以等级呈现，并包含实践单位、实习单位对学生表现的评语。这样便于全面了解学生实践、实习情况。此外，教师还应该不定期到相关单位实地了解学生实践、实习情况，对学生表现做出客观判断，以保证评价的准确性。

3. 校企合作的重要性

实践教学活动要顺利开展，学校需要充分利用外部资源，积极与当地企事业单位建立校外实训基地。校外实训基地不但能够为学生提供专业参观、实习的机会，而且便于学校对校外实践教学活动的管理，保证教学质量。在校外实训基地的选择上，高校要注意校外实训单位的类型多元化。对于国际经济与贸易专业来说，进出口公司是校外实训基地的主要选择对象，此外与进口业务相关的其他企事业单位，也是重要的选择对象，如进出口物流企业、海关、银行、港务局、商务局等。在校外实训基地能够开展的活动上，高校也要开拓思路，开发实训基地的新功能。例如，学校和某一实训基地举办暑假专业夏令营，学生到该实训基础参与日常工作、接受专业培训等，为期半个月到一个月，实训结束后，学校老师和实训基地的培训教师对学生的表现进行评价，表现优秀的学生还可以作为该单位的后备资源，毕业后直接入职。这样的校企合作拓宽了学生的就业资源。此外，高校还可以考虑在条件允许的情况下，与进出口企业合作，让部分学生参加春季、秋季的广交会以及进口博览会等，拓宽学生眼界。

6.4 高校创业创新师资培养的改革

6.4.1 "引进来"和"走出去"相结合培育创业创新师资

教师主导教学工作的，是决定教学质量的核心。因此，实践课指导教师的教学水平直接关系到高校各个专业创业创新人才培养的质量。对于"互联网+"背景下高校创业创新师资而言，首先需要掌握各个专业的相关理论知识；其次需要有相关专业领域的企业从业经历，如果有过创业经历更好。但因为本科院校招聘专任教师时强调学历、学位，较为忽视实践经验，因此高校缺乏创业创新师资。"互联网+"背景下高校创业创新师资培养，可以采取"引进来"和"走出去"相结合的措施。

1. "引进来"壮大创业创新师资队伍

"引进来"壮大创业创新师资队伍，包括两个方面。一方面，在高校师资招聘时，适当考虑引进硕士学位以上，兼具所从事的学科专业、创业创新从业经历的教师，以及硕士学位以上的"双师型"教师。通过同行听课、评课、集体备课等方式，让有实践经验的教师分享经验，提高教师整体的创业创新实践教学水平。另一方面，通过柔性人才引进方式，聘请企事业单位的专业人士担任学校的创业创新教育业界导师。通过不定期到学校开设专题讲座、不定期参与实践课教学，让在校教师、学生丰富创业创新实践知识。此外，在理论课程教学安排中，任课教师可以根据授课内容，安排少量课时，请创业创新教育业界导师到课堂上分享实践经验。创业创新教育业界导师的职业背景和人际关系，也可以成为高校发掘校外实训基地的主要渠道。

2. "走出去"提高创业创新师资质量

"走出去"提高创业创新师资质量，是充分利用已有师资力量，并对现有师资力量进行创业创新教学能力的提高。对于地方高校"走出去"方式的创业创新师资培养更为重要。"走出去"的渠道有两个，一是学校安排、鼓励创业创新师资参与相关教学能力的理论和实践培训；另一个是学校根据专业需要，推荐教师不定期到企事业单位挂职锻炼。

6.4.2 完善创业创新师资的评价体系

为了鼓励教师积极参与创业创新人才的培养，高校需要完善对教师的评价体系。在专任教师岗位考核中，高校应该给予一定的政策倾斜，如指导学生参与各类职业竞赛的教师，根据指导任务的难易程度折算成适当的教学工作量、科研工作量，计入岗位工作量考核中。如果指导的参赛学生获得了省级以上的名次，高校给予指导教师奖金，以提高教师参与职业竞赛指导的积极性，促进学校创业创新人才培养。在职称晋升中，除了教师的教学和科研情况，还需要考虑教师参与实践类教学活动的情况，如教师指导学生参加学科竞赛，指导学生开展"第二课堂"等。此外，对于到企业挂职学习锻炼的教师，其挂职锻炼期间，学校可以考虑适当减免岗位考核对教师的课时量、科研量要求。

6.5 "以赛促学"在高校创业创新人才培养中的作用

6.5.1 促进教学改革

专业竞赛的命题，一般需要运用到本专业或者其他专业的知识，并且鼓励运用新技术，因此参与专业竞赛能够很好地检验参赛学生实践和创业创新能力及高校的创业创新人才培养质量。由此，学生参与专业竞赛的情况可以为高校进行教学改革提供有价值的参考，也让学生改变学习观念，教师转变教学理念，从而促进教学改革。

专业竞赛让高校更重视实践教学活动。在课程设置上，高校应增加实践类课程和教学活动的学时。在师资培养上，高校应鼓励并选派教师参加相关培训，提高教师的实践教学能力。在校内仿真实验上，高校应加大力度购买更合适的实操软件平台，改善仿真实验的基础设施。

专业竞赛促进教师转变课堂教学理念。在指导专业竞赛的过程中，教师会有意识地引导和培养学生的创造性思维，锻炼学生的创新能力，激发学生的团队合作精神。在课堂教学过程中，教师也会改变"灌输"式的教学模式，以学生为本，转变教师的"满堂讲授"为"课堂引导"，让学生通过更多自主学习，培养起学习思考能力。

6.5.2 锻炼学生创业创新能力

专业竞赛强调理论联系实际，注重跨学科知识的结合，这些特性有助于激发学生学习专业知识，培养创业创新思维的兴趣和积极性。通过参与专业竞赛，学生通过"干中学"拓展知识面，建构复合型知识体系，磨炼了自学能力、发现问题和解决问题的能力。总而言之，专业竞赛有助于培养专业基础扎实、知识面广、综合素质高、实践能力强，并具有创业创新能力的创新性、复合型应用人才。

6.5.3 推动师资队伍建设

专业竞赛不仅锻炼了学生的实践能力，也推动了师资队伍的建设。指导教师在参赛过程中，也提高了实践类教学活动的能力。专业竞赛还有"参赛与教学相长"的作用。在参赛过程中，如果有企事业单位参与竞赛项目，教师不仅能收集到企业的经典案例，积累教学资源，在今后的课堂教学中，还可以将相关典型案例传授给学生，加深对理论知识的感性认识。此外，教师还与企事业单位建立良好联系，便于校外实训基地的建立，为校外实践活动创造更好的条件。

6.6　本章小结

本章说明了"互联网+"背景下高校创业创新人才培养的目标，以及人才培养模式改革的方向。并以国际经济与贸易专业为例，详解了创业创新人才培养方案的修订。本章突出了"以赛促学"对创业创新人才培养的作用。本章内容对后续章节广西大学创业创新人才培养模式的改革具有指导作用。

"互联网+"背景下创业创新人才培养模式改革与实践：以广西大学商学院为例

7.1 广西大学商学院开展创业创新教育的现状

广西大学一直重视创业创新人才培养，早于2002年学校制定了《广西大学创新实践学分实施办法》，设立了本科生科研训练项目，对学生开展自主科研予以资助。2002—2007年，广西大学拨出专项经费近190万元，共立项5批学生科研项目，学生参与人数达2944人。在该类项目顺利实施的基础上，2007年，广西大学在地方高校中首批入选国家"质量工程"大学生创新性实验计划，至"十一五"末，学校共有130个本科生项目获得国家立项资助，校级立项资助261项。2011年，在"十二五"开局之年，广西大学又成功入

第7章 "互联网+"背景下创业创新人才培养模式改革与实践：以广西大学商学院为例

选国家"本科教学工程"大学生创业创新训练计划。2012年，广西大学设立"大学生实验技能和科技创新能力训练基金"，鼓励本科生尽早参与到教师科研项目。学校出台文件，全面开放实验室，免费为本科生提供设备和场地，为广大学生科技创新和素质拓展活动的开展提供良好的条件保障。广西大学还积极拓展大学生实践的深度和广度，与境外多所大学开展交流与合作，开阔学生的国际视野。

7.1.1 广西大学创业创新教育概括

1. 创业创新教育课程设置以选修为主

目前广西大学已全面开展创业创新教育，创业创新相关课程以必修课和公共选修课两种方式进入各个本科专业的人才培养方案中如表7-1所示。创业创新课程以公共选修课为主，必修课有"大学生就业与创业指导""大学生生涯规划"等，其余相关课程为公共选修课，学生可以按照自身意愿和情况进行选择。由于公共选修课的广泛随机性，有关创业的课程多以网课的形式供学生学习，只要学生在规定的时间内完成课程学习即可，并且创业创新的相关课程以考查课为主，结课考核多采用作业形式或论文形式。

表7-1 广西大学创业创新教育现状

项目	现状
广西大学创业创新教育课程设置	"创业创新模拟仿真实训"、"创业基础"（网课）、"创业企业战略与机会选择"、"大学生就业与创业指导课程"、"创业基本功与精益创业方法论"等
创业创新大赛	"互联网+"创业创新大赛、娃哈哈创意营销大赛、融创中国全国大学生房地产营销挑战赛、大学生创业创新训练计划项目、平安产险全国高校创意挑战赛、"创青春"全国大学生创业大赛等
开课形式	公共选修课、网课

2. 引导学生参加创业创新比赛

创业创新教育需要理论联系实际，从实际生活出发，以社会需求为导向，用实际行动验证创业创新教育的成果。因此，广西大学积极鼓励学生参加各类创业创新大赛。为了帮助学生团队的创意真正演变成创业创新项目，广西大学为获得立项的学生创业创新项目提供部分启动资金，并且为学生创业创新团队提供工作场地，如广西大学商学院还单独划出一块区域建设创业孵化园，作为学生创业创新团队的办公室，方便学生创业创新团队的成员在此集中讨论，进行"头脑风暴"，为创业项目的最终成功提供了良好的外部环境。此外，广西大学还聘请了校外创业导师作为各类创业创新大赛的专业评委，对同学们进行创业指点。广西大学商学院利用自身校友资源，不定期举办校友创业经验分享为主题的讲座或论坛，激发学生创业兴趣，营造创业创新氛围。

尽管广西大学在创业创新人才培养方面做了很多工作，也取得了不少成绩，但是国内外经济社会的发展变化，使创业创新人才培养过程中的不足日渐突出，为了更好推进广西大学创业创新人才培养中的问题解决。本书选择广西大学商学院在校学生进行了访谈调查，以了解学生对学校开展创业创新教育的看法。之所以选择广西大学商学院的学生作为调查对象，是因为广西大学商学院在创业创新人才培养上颇有建树，在学校创业创新教学方面具有一定代表性。访谈的具体问题和访谈的情况见附录1：《广西大学创业创新教育访谈的情况记录》。

7.1.2 广西大学商学院简介及创业创新教育情况

广西大学商学院成立于1997年，商学院的愿景和使命是"跻身中国一流商学院之列,创新管理知识,培养商业领军人才,推动社会繁荣进步",以"厚德、博学、创新卓越"为价值观。商学院开设有7个本科专业:经济学、国际经济与贸易、金融学、工商管理、财务管理、会计学、旅游管理。商学院目前拥有应用经济学、工商管理两个一级学科博士学位授权点和一级学科硕士学位授权点,以及应用经济学博士后科研流动站。学院同时还有6个专业学位授权点,是广西最早有资格培养 MBA 的院校,也是目前广西唯一具有培养 EMBA 资格的院校。

商学院在创业创新教育方面具有特色和优势,是广西大学大学生创业孵化基地的依托学院。商学院的经济与管理实验中心是广西高校重点实验室,也是广西首个经管类国家级实验教学示范中心。该中心成立的15年来,一直在国际企业管理挑战赛中取得优异成绩,2016年为国际企业管理挑战赛中国赛区冠军,代表中国出征全球赛,并获得季军。"学创杯"全国大学生综合模拟大赛总决赛中,囊括过大赛特等奖和"学创之星"殊荣。2018年"创青春"全国大学生创业大赛 MBA 专项赛和网络信息经济专项赛中,荣获全国决赛银奖。

7.1.3 广西大学商学院创业创新人才培养中存在的不足

1. 学生本身创业创新意识薄弱

开展创业创新教育的对象是学生,学生对待创业创新教育的态度是决定创业创新教育能否顺利进行的基础。从调查结果来看,学生本身创业创新意识薄弱(见表7-2)。调查问卷数据显示,对创业创新教育有完整认识的学生仅占样本人数的3.51%,非常了解创业创新相关政策的学生占样本总数的5.26%,对"互联网+"创业大赛、大学生创业创新训练计划项目等创业创新项目非常感兴趣的同学占样本比例的22.81%，但是非常了解创业创新活动的学生仅占样本总数的3.51%，同时表示很愿意进行自主创业的学生仅有10.53%。并且当下创业创新活动出现功利化比赛的现象，通过问卷显示，参加"互联网+"创业比赛的学生中真正想创业的人数仅占样本的15.79%，余下学生都是以"获得创业创新学分"和"体验一下"为参赛目的，失去了开展创业创新活动的现实意义。可见，大学生创业创新意识还很薄弱，对创业创新教育、活动、政策的认知还不完全，缺乏自主创新的动力和积极性。

表7-2 广西大学学生创新创业意识调查

调查内容	占比/%
对创业创新教育十分清楚	3.51
对创业创新活动很感兴趣	22.81
非常了解创业创新活动的相关政策	5.26
非常了解创业创新活动	3.51
表示没有参加过创业创新活动或者参加很少	85.96
以真正想创业为参赛目的	15.79
很愿意进行自主创业	10.53

2. 创业创新课程缺乏系统性且与专业教育脱节

创业创新教育的基础是创业创新课程，学生只有通过专业、系统的学习才能对创业创新有整体的认识和了解。但是调查发现，创业创新教育的课程设置缺乏系统性并且与专业教育脱节，未得到真正的融合（见表7-3）。创业创新课程并非全是必修课，相当部分是公共选修课。此外，在创业创新课程的教学中，老师课堂讲授仅占课时数的小部分，余下大部分课时以学生自学为主，且多以网课形式完成。虽然网课方便、不拘束于时间、地点，但是缺乏老师与学生的互动与交流，学生掌握知识的效果不尽理想。调查结果显示，学生认为"开设的创业创新课程对自己有帮助"的仅占样本数量的35.09%，通过"参加创业创新课程收获很多前沿知识"的学生仅占样本数量的28.07%，多数学生最多只参加过两门关于创业创新的课程，超过70%的学生认为学校开设的创业创新课程与所学的专业缺乏融合。

表7-3 广西大学创业创新课程设置调查

调查内容	占比/%
创业创新课程是必修课	17.54
现实老师教授创业创新课程	38.60
参加3门及以上创业创新课程	0.00
参加创业创新课程收获很多前沿知识	28.07
开设的创业创新课程对自己有帮助	35.09
开设的创业创新课程与所学专业相融合	28.07

3. 创业创新课程内容设置不合理

关于创业创新课程内容设置的调查发现（见表7-4），认为"缺少创业知识和理论"的课程的学生占样本人数的57.89%，认为"缺少创新知识和理论"的课程的学生占样本人数的66.67%，认为"缺少法律、管理知识"的课程的学生占样本人数的52.63%，认为"缺少实训实践学习"的学生占样本人数的61.40%，认为"缺少专业理论知识"的学生占样本人数的43.86%，认为"缺少实际动手操作能力"培训的学生占样本人数的63.16%，认为"缺少创业创新活动宣传与指导"的学生占样本人数的42.11%，认为"缺少撰写创业创新策划书能力训练"的学生占样本人数45.61%。总之，在创业创新课程内容的学习中大部分学生认为自己未得到全面系统的学习。

表7-4 广西大学创业创新课程内容设置的调查

调查内容	占比/%
缺少创业知识和理论	57.89
缺少创新知识和理论	66.67
缺少法律、管理知识	52.63
缺少实训实践学习	61.40
缺少专业理论知识	43.86
缺少实际动手操作能力	63.16
缺少创业创新活动宣传与指导	42.11
缺少撰写创业创新策划书能力训练	45.61

4. 创业创新教育实训环节不足

创业创新教育的目的是提高大学生创业创新能力，创业创新实践是提高大学生创业创新能力的有效途径。调查结果显示，广西大学在创业创新教育中对创业创新实践重视不够，相关实践活动开展不充分，真正的理论联系实际效果不理想（见表7-5）。只有40.35%的学生知道学校为创业创新教育提供了实验基地（如创业孵化园），但是创业孵化园的扶持作用有限，大多数入住创业孵化园的立项项目并未真正能够往下推进，成功项目更是屈指可数。"多次参加过学校组织的创业创新实训、实践"的学生仅占样本数量的8.77%，"多次参加创新或创业等相关活动"的学生仅占样本数量的14.04%。75.44%的学生表示广西大学创业创新教育"缺少社会实践平台"，同时61.4%的学生表示广西大学"理论知识脱离实际"，实践教学远远不够。笔者认为这个问题的原因有两方面，一是学生本身不愿参加；二是学校实践基地、实践活动数量还不够多。

表7-5 广西大学创业创新教育实践情况调查

调查内容	占比/%
为创新教育提供实验基地	40.35
多次参加过学校组织的创业创新实训、实践	8.77
多次参加创新或创业等相关活动	14.04
缺少社会实践平台	75.44
理论知识脱离实际	61.40

5. 缺乏专业的师资队伍

良好的师资队伍是创业创新教育成功开展的保障,在广西大学创业创新教育中,专业的创业创新师资队伍缺乏是当下开展创业创新教育的障碍。调查显示,只有36.84%的学生认为"教师在教学中对学生创业创新培养发挥作用;42.11%的学生认为在创业创新过程中缺乏专业指导老师的指导"(见表7-6)。主要原因如下:首先,广西大学并未设置专门的创业创新相关专业,创业创新课程的任课教师基本是从管理岗位调派,老师们缺乏系统的专业知识学习,对学生的教育也是限于表面,很难进行深层次教育。其次,缺乏校外专业的指导老师,校内老师与校外企业接触有限,不能全面了解当下企业发展现状及在竞争环境下对新生企业的要求,以及社会经济发展对创业者素质的要求等。而校外导师长期置身于社会环境中,对社会的竞争环境、创业者要求、消费者需求等有一个整体的把握,对涉世未深的大学生来说,他们更能起到创业初期的指导作用。

表7-6 广西大学创业创新教育师资调查

调查内容	占比/%
教师在教学中对学生创业创新培养发挥作用	36.84
创业创新过程中缺乏指导老师的指导	42.11

6. 支持创业创新的力度有待提高

学校是大学生创业创新的始发点,应该从各方面对学生创业创新活动提供支持。在调查中发现(见表7-7),63.16%的学生认为在"创业过程中需要学校的支持指导和服务";同时45.61%的学生表示在"创业过程中缺少学校的支持",而且广西大学在创业创新教育中缺乏后备保障,导致学生开展创业活动的动力不足。主要原因如下:首先,广西大学并未建设系统的支持学生创业创新的平台,如创业实践平台、学生创业组织平台等;其次,对学生开展创业立项的资金支持力度有限;最后,缺乏后备保障,如对于学生因为创业耽误课程学习,没有相关的缓压解决方案。

表7-7 广西大学创业创新教育支持力度调查

调查内容	占比/%
创业过程中需要学校的支持指导和服务	63.16
创业过程中缺少学校的支持	45.61
广西大学创业创新教育缺乏后备保障	64.91

7.2 深化创业创新人才培养改革的举措

7.2.1 学校发展为创业创新人才培养创造良好环境

广西大学是广西唯一的国家"211工程"建设学校,世界一流学科建设高校,教育部和广西壮族自治区人民政府"部区合建"高校。近年来,广西大学坚持以习近平新时代中国特色社会主义思想和中国共产党第十九次全国代表大会精神为指导,以综合改革、"部区合建"和"双一流建设"为抓手,围绕"百年目标、三步实施、五个一流、六条方略"的部署,通过学讲话、研文件、转观念、探路子、严教学、新机制等举措,全面推进高水平本科建设,培养新时代"五有"领军型人才。

1. 坚持以本为本,落实四个回归

(1) 树立以学生为中心,以本科为基础的理念。广西大学深入学习中国共产党第十九次全国代表大会精神、全国教育大会等精神,全面落实人才培养的根本任务和根本标准。出台了《关于加快新时代广西大学一流本科教育发展的意见》《关于全面推进"三全育人"建设实施方案》《关于落实部区合建工作方案》,把思想政治教育贯穿人才培养全过程,全面部署本科教育教学工作,牢固确立本科教育的基础地位。

(2) 修订新版培养计划。新版培养计划对标国家标准。最长修业年限从8年缩减到6年,整体调减20个毕业总学分。课程设置上本硕贯通,对课程体系、教学方式、过程考核、考核评价等进行了全面改革,毕业设计(论文)实行查重全检制度。

(3) 优化专业结构。广西大学坚持以实现学科建设与本科专业建设、教学与科研有机融合为核心的学科专业一体化建设思路,调整学院设置、优化学科专业结构。学院由31个调整为25个,98个本科专业中停招或调整32个、撤销2个,43个专业按17个大类招生。

(4) 强化教师教学队伍建设。广西大学成立了师德建设工作委员会和师德建设考核小组,执行师德"一票否决"制。此外,学校还设立了主动性教学绩效系数评价方法,建立了将教学工作纳入岗位绩效机制,教学质量被列入教师职务评聘、绩效考核的主要依据。

2. 加快"四新"建设，强化创新精神

广西大学围绕土木工程与先进材料学科群和应用经济学学科群建设，形成"工科登峰、农科闯关、理科崛起、文科振兴、医科兴建"的"三梁五柱"学科体系。学校还发挥亚热带地区特色、沿海沿边沿江区位、面向东盟开放的门户枢纽、边疆少数民族文化特色，聚焦国家及区域经济社会发展的工业、健康、农业、文化等领域，主动适应新一轮科技革命和产业变革，积极推进"四新"对社会经济文化建设发展的服务支撑。

3. 优化协同机制，加强育人合作

广西大学强化协同育人，全面推进"三全育人"综合改革。为了完善协同育人机制，学校与广州视睿电子科技股份有限公司等609个企业在办学、实践、就业等方面合作，与华南理工大学本科生联合培养的6个合作项目获教育部2018产学合作协同育人项目，与华南理工大学、同济大学、中山大学、南京农业大学实行本科生"一对一"联合培养。

4. 强化质量效果，深化内涵发展

广西大学培育质量文化，严格实施"六卓越一拔尖"计划2.0，打造一流专业，建设金牌专业；强化课程建设，打造"金课"淘汰"水课"；取消"补考""清考"；推行本科生课程班课代表管理制，严抓课堂纪律及教学秩序；加强督导队伍建设，完善督导制度，实现教学课程督导全覆盖。学校每年通过第三方机构对毕业生开展满意度调查，追踪评估，形成成果导向，建立闭环式持续保障机制，倒逼人才培养质量提升。

广西大学在很多方面的改革探索，尤其在本科教育质量提升上

的改革，为学校各个学院、各个专业在"互联网+"创业创新人才培养模式的改革尝试方面，创造了浓郁的勇于探索，敢于创新的氛围和环境。

7.2.2 广西大学商学院人才培养的改革探索：以国际经济与贸易专业为例

在广西大学商学院人才培养改革方面，国际经济与贸易专业颇具特色，而且该专业本身就是人才培养模式改革的结晶。多年来，商学院的国际经济与贸易专业在人才培养上也颇具改革创新精神。

1. 国际经济与贸易专业的历史、人才培养与特色

（1）专业定位：国际经济与贸易专业响应新时代国家经济建设、外贸发展对人才的需求，结合广西毗邻东盟国家、与粤港澳大湾区相接，又是少数民族地区的区位优势，遵循培养创新人才、复合人才与应用人才相结合的目标导向，突出"国际化、复合型、创新性"的专业特征，培养既熟悉广西、了解东盟，又能为粤港澳大湾区服务的国际商务和投资人才。成为在中西部地区有影响力的，面向东盟、粤港澳大湾区的国际化、复合型、创业性国际商务和投资人才培养基地。

（2）历史沿革：广西大学国际经济与贸易系是从原经济学院（原经济系）经济学教研部分出来的，学科专业基础是政治经济学（涉外经济）专业和国际贸易3+2班。它的发展大致经历了以下阶段：①政治经济学（涉外经济）（1986—1988年）。1978年广西大学在中文系下招收恢复高考首届政治经济学专业本科生，1980年在哲学系下招收四届（1980年、1981年、1982年、1983年）政治经济学专业本科生，1984年7月，广西大学恢复成立经济系，暂停招

收政治经济学专业本科生，改为招收金融、经济管理、会计等专业学生。1986年，鉴于国家对外开放步伐加快，经济学专业建设竭力向开放经济理论知识倾斜，开始以经济学（涉外经济）招生，培养涉外经济专门人才，服务广西对外开放发展。涉外经济连招三届本科生（1986—1988年），培养涉外经济专门人才105人。②国际贸易3+2班（1991—1993年）。1991年，为适应广西对外开放发展需要，广西大学进行才人培养方式改革，培养具有文科、理科、工科等学科专业基础的综合素质人才，开设国际贸易3+2班。该班一共招收了四届（1990—1993年）本科生，培养国际贸易综合素质人才163人。③国际贸易专业（1993—1998年）。1993年，教育部批准广西大学设置国际贸易专业，并获得国际贸易专业学士学位授予权，同年招收首届国际贸易专业本科生，经济学教研室改名为经济学教研部，负责经济学和国际贸易两个专业教学。1996年，经济学教研部分为两个系：经济学系与国际贸易系，分别负责经济学专业与国际贸易专业。④国际经济与贸易专业（1999年至今）。1999年，教育部进行本科专业调整，将世界经济、国际贸易、工业与外贸专业调整为国际经济与贸易专业，从此国际经济贸易系学科专业建设一直以国际经济与贸易专业为依托。

（3）人才培养：①本科培养，国际经济与贸易专业的本科生教育是以政治经济学（涉外经济）和国际贸易3+2班为基础起步的，从1993年招收首届本科生到2018年，国际经济与贸易专业招收了21届本科生，培养本科人才1800多人。②硕士培养，硕士研究生教育是以政治经济学涉外经济研究方向起步的，1987年，广西大学获得政治经济学硕士学位授予权，招收首届政治经济学硕士研究生，设经济史、经济学、经济管理三个研究方向，1993年，增加涉外经济方向，总共招生五届（1993—1997年）。1998年，广西大学获得国际贸易学硕士学位授予权，同年招收首届国际贸易学硕士研究生，

第 7 章 "互联网+"背景下创业创新人才培养模式改革与实践：以广西大学商学院为例

到 2018 年国际贸易学硕士研究生共招收了 17 届，培养国际贸易学硕士人才近 300 人。2001 年，经广西壮族自治区教育厅批准国际贸易学硕士学位点招收地方性在职研究生班，到 2011 年共招收了 11 届，培养地方性在职研究生 373 人，其中有近 1/3 的学生获得了同等学历硕士学位。2011 年，广西大学获得国际商务专业硕士学位授予权，同年招收首届国际商务硕士研究生，至 2018 年共招收 6 届国际商务硕士研究生，培养了 109 名国际商务硕士人才。③博士培养，2010 年，广西大学获得应用经济学一级学科博士学位授予权，成为广西唯一一个应用经济学一级学科博士学位授权点，国际经济贸易系开启了国际贸易学博士学位研究生教育旅程，目前已有在读博士研究生多人。

（4）特色优势：国际经济与贸易专业形成了"国际化、复合型、创新性"的专业特色，具体表现为培养的学生德智体美全面发展，树立起对未来所从事职业的良好职业道德理念，胸怀祖国，放眼世界。国际经济与贸易专业面向东盟、粤港澳大湾区对国际商务和投资人才的需求，在培养上注重理论功底扎实、适应面广、国际化程度高、创新能力强、综合素质优秀、可塑性强、发展潜力大。

纵观专业发展历程可知，国际经济与贸易专业是人才培养模式改革的成果。自专业成立以来，国际经济与贸易专业一直随着外部环境的变化，进行人才培养模式的改革创新。从专业定位和特色优势来看，国际经济与贸易专业非常重视"创业创新型"的人才培养，并为此采取了深化改革的举措，且颇有成效。2009 年国际经济与贸易专业成为中国—东盟经济与管理国际化、复合型、创新人才培养基地，获得广西教育厅授予专业人才培养模式创新试验区称号。

2. 国际经济与贸易专业人才培养模式的改革探索

国际经济与贸易专业在充分参考借鉴国内"985"高校本专业本

科人才培养方案基础上，从供给侧和需求侧改革的视角对新时代国际经济与贸易专业人才培养目标进行分析，坚持人才培养模式由知识型向知识、能力、素质三者协调发展和综合提高转变，确定了"两型"（直接就业型和继续深造型）需求下的分类人才培养模式和"三阶推进"的实施方案，系统修订了本专业人才培养方案（见图7-1）。培养方案突出了"国际化、复合型、创新性"的专业特色，着重提高对学生专业综合理论的广度、国际视野和创业创新能力的培养。

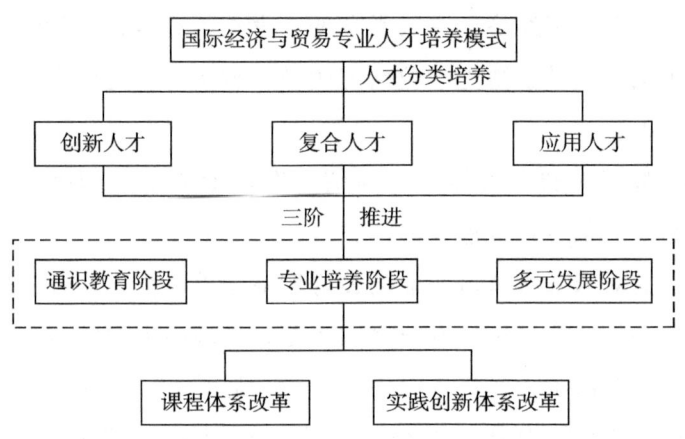

图7-1　国际经济与贸易人才培养体系改革

在人才培养模式改革方面，国际经济与贸易专业紧跟学校的改革步伐，不断进行探索。最有代表性的案例是创办国际贸易专业3+2班。该班从广西大学各个院系的理科、工科、农学三年级本科生中，采用自愿入选、学校挑选的方式选拔优秀学生，通过两年的国际经济与贸易专业课程学习，培养既具有理工知识基础，又具有经济贸易专业知识的复合型人才。该班的师资配备、教学方式等方面体现了国际化、多元化特点，从国内外知名高校聘请师资，部分课程采用全英文授课。该班培养了四届学生，弥补了当时广西对国际贸易复合型人才需求的空白。为此，该教改项目获广西区教学优秀成果一等奖。

7.2.3 广西大学商学院教学方式的改革探索：以国际经济与贸易专业为例

依据国际经济与贸易专业培养方案，进行课程体系、教学内容和教学方法改革（见图7-2）。国际经济与贸易专业现在的课程体系包括四大块：通识教育、专业培养、多元发展、两型需求。通识教育着重培养学生的人文科学素养和创新意识。专业培养通过专业核心课程和选修课程的学习，着重培养学生的专业素质。所谓多元发展，在进入专业课程学习之后，通过应用类课程与实践帮助学生进一步掌握国际经济与贸易的理论知识、实操技能等；研究类课程与实践是本科与研究生学习的衔接课程，主要帮助学生加深与拓展相关理论知识和科研能力。这样的课程设置满足了学生对未来工作与学习的个性化规划，最终实现学生毕业后直接就业或者继续深造的学习目的。

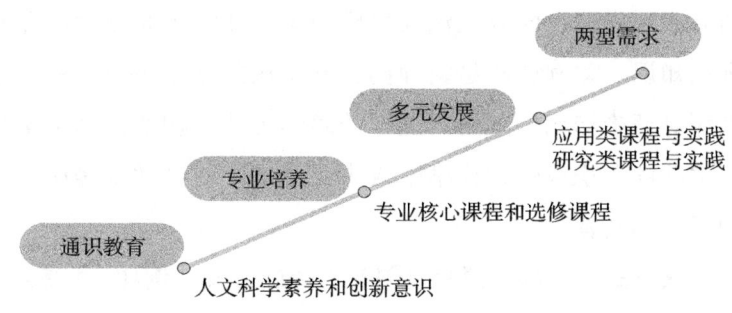

图7-2 国际经济与贸易专业的课程体系构建

1. 课程设置特色化

国际经济与贸易专业的课程设置采用模块的方式，而且突出了本专业的特色优势。在2017年修订的国际经济与贸易专业培养方案中，除了通识必修课、通识选修课、学门核心课、学类核心课、专业核心课之外，在专业选修课中结合广西发展需要和区位特色，设置有"国际物流管理"（双语）、"中国—东盟经济贸易专题""跨文化管理""中国—东盟文化专题"等课程，培养既掌握国际贸易专业知识，又了解物流、旅游等专业知识的复合型人才。此外，国际经济与贸易专业还开设了"研学位"的选修课，如"计量经济学""经济思想史""管理研究方法""经济学前沿专题"等，方便继续读研究生的学生储备相关理论知识和研究方法。这样的课程设置不仅特色优势鲜明，而且满足了学生的多元发展和两型需求。

2. 教学方法和考核方式的多样化

国际经济与贸易专业的课堂教学方法丰富多样，"翻转课堂""案例教学"在很多课程中被教师们广泛采用。例如，在"国际商务谈判""国际经济合作""商务英语听说""中国—东盟文化专题"等课程的教学过程中，教师采用了"翻转课堂"的教学手段，进行国际商务谈判模拟、商务交流场景模拟等，让学生充分运用课堂所学的理论知识。案例教学是教师们普遍采用的教学手段之一，帮助学生加深对理论知识的理解。这样的教学方式，切实调动了学生们的学习主动性和积极性，让学生成为课堂的主体，教师是课堂教学的组织者和协调者。

在考核方式上，部分课程也创新了考试方式。例如，"商务英语听说"课程，教师将学生分组，让学生按照题目要求进行国际贸易交易流程的场景对话，不但考核了学生商务英语交流能力，还考查了学生"国际贸易实务""国际商务谈判"等相关课程的知识掌握情况。"国际商务谈判"课程的考核方式也有类似创新，学生模拟外贸交易中的谈判场景，充分展示课堂所学的谈判理论和技巧。学生们对这样的考试充满了兴趣，考前都能认真准备，充分调动了学习积极性。

在教学手段上，教师们充分利用互联网开展教学，尤其在2020年的新冠肺炎疫情期间，以"国际投资"课程为例，教师除了采用腾讯课堂、慕课网等平台网络直播课外，还建立了QQ群，给学生布置每一章的学习任务，并且分享网上有关的精品课程、学习资料，拓宽学生的视野。"国际投资"课程结束时，除了采用课程论文的考核方式外，还布置学生分小组，按主题设计小组讨论内容。学生在最后一次课上，通过腾讯会议，展示小组的讨论结果，最终成果充分体现了学生们的无限创意。这样的方式既考查了学生对国际投资理论知识的掌握情况，又让学生利用所学知识分析现实问题，更充分锻炼了学生的创新能力。

7.2.4 广西大学商学院科教结合的改革探索：以国际经济与贸易专业为例

国际经济与贸易专业一直重视"教学相长"。近10年来，本专业老师承担了5个国家社科基金一般项目、多个省部级科研项目，研究领域集中于"东盟经贸与投资""中国—东盟经贸和投资""中国与东盟互联互通建设""西部陆海新通道"等。研究领域充分体现了广西大学因为毗邻东盟，而在东盟研究领域独树一帜。在国际经济与贸易专业的课程设置中突出东盟特色，开设了"中国—东盟经贸专题""中国—东盟文化专题"等课程。在授课过程中，教师们注重将这一研究优势与培养学生结合起来，如在"国际投资"课程的投资环境分析中，教师布置学生课后查阅资料，运用投资环境评估方法分别对东盟十国的投资环境进行评价。此外，在本科生毕业论文指导中，国际经济与贸易专业也突出了"东盟"特色，有项目的教师常常会邀请本科生参与课题研究与调研，真正做到了科教结合、"教学相长"。学生在参与课题过程中，不仅锻炼了理论联系实际的能力，还培养了学习思考能力、创新思维能力。有些学业优秀的学生因为参加教师的项目研究，在保送研究生申请中助益良多，最后成功进入国内"985工程"高校攻读硕士学位。

7.3 学生实践能力培养改革的举措

实践能力培养是锻炼创业创新能力的重要环节，广西大学商学院一直非常重视创业创新人才培养中的实践活动。商学院7个本科专业的培养方案中，实践教学环节的学分（含课程实践环节）占到总学分的30%以上。商学院注重学生科研能力的培养。实行本科生导师制，从分专业开始，为每一位本科生配备导师，负责学生的生活、学习、学年论文和毕业论文指导等工作。此外，在校内仿真实验教学、校外实践活动、鼓励和指导学生参与各类学科竞赛方面，商学院的很多专业都进行了探索和尝试。

7.3.1 广西大学商学院实践能力培养的改革方案

（1）"理论教学—实践教学—地方服务"一体化，构建"实践创新能力"培养内容体系的改革。①通过实践教学，将理论教学操作技能化，实现教师理论教学向技能积累的延伸，学生理论学习向操作技能练习的延伸，从而达到服务社会、创造社会效益的目的；②通过实践教学，把教师与学生服务社会的操作技能与过程方法化、工具化和案例化，从而夯实理论教学内容，优化理论教学结构。

（2）"特色学科—实践教学—理论教学"一体化，构建"拔尖

第7章 "互联网+"背景下创业创新人才培养模式改革与实践：以广西大学商学院为例

创新能力"培养内容体系的改革。①通过实践教学，将学科特色交叉化，实现教师理论教学能力"宽口径"，学生理论知识领域"厚基础"，从而达到理论教学多元化、个性化目的；②通过实践教学，把教师与学生多元化与个性化的理论教学与学习平台化、集成化与共享化，从而促进学科特色研究方向间的融合。

（3）"特色学科—实践教学—地方服务"一体化，构建支撑经管大类专业人才"实践+拔尖"创新能力融合的运作管理机制的改革。①通过实践教学，把学科特色研究方向应用化，实现教师学科理论规范研究向实证应用研究转化，学生专业学习向拔尖创新学习转化，从而达到服务地方、创造社会效益的目的；②通过实践教学，把地方服务成果知识化，从而为新的特色学科研究方向培育、成长与壮大累积知识动力。

7.3.2 重视校内仿真教学的实验室建设

广西大学商学院重视抓好实验室建设，完善与优化实验教学环境，对实务课程或课程的实务性环节进行模拟教学，主要实务课程或课程的实务性环节都开了综合性或专门性模拟实验课。商学院的经济与管理实验中心自2008年进行国家级实验示范中心项目建设以来，不断凝练教学理念，明确教学定位，形成自己的鲜明特色。经过逾10年的国家级实验教学示范中心建设，广西大学经济与管理实验中心，形成了较为完整的可供经济与管理类专业共享的实验教学平台：由财务教学软件（用友专版）、沙盘模拟对抗模具（用友专版）、生产管理教学软件（用友U8.5版）、物流管理教学软件（用友专版）、世华财讯系统软件（网络版）、会计综合实习教学平台软件模块（网络版）、电子商务教学模拟系统（2.0版）、项目管理软件（2003专业版）、ERP软件培训与服务（金蝶K/3）、实用人才资源测评系统、企业竞争模拟软件（北大光华）、管理运筹学软件、项目投资决策数据分析软件、商业计划书智能生成系统软件、投资项目报告智能生成系统软件、市场营销动态模拟、"创业之星"软件及相关的实验设备等组成。

目前，广西大学商学院的经济与管理类专业共享实验教学平台，拥有面积1500m^2，根据功能划分为三个区：基础与专业实验区、综合与创业实验区、研究与创新实验区，其中研究与创新实验区面积550m^2，是研究创新实验的主要场所（见表7-8）。共享实验教学平台，能为商学院12个本科专业、12个科学硕士专业，6个专业硕士专业，1个一级学科博士点以及全校选修商学院第二学位课程学生提供实验教学服务，每年受益学生超过1万人。

表7-8 现有校内实验实训教学场所情况

序号	名称	建筑面积/m^2	仪器设备		其中：大型专用仪器设备		主要实验实训内容
			台/套	总值/万元	台/套	总值/万元	
1	基础与专业实验区	330	400	600	—	—	开设与经济管理基础及专业实验相关的各种实验课程
2	综合与创业实验区	620	600	900	2	240	开设经济与管理类专业综合实验课乃至跨专业综合创业实训
3	研究与创新实验区	550	100	500	—	—	培养学生实践创新能力和开展课外科技活动的重要实验基地
总计		—	1500	1100	2000	2	240	—

广西大学商学院各个专业的校内仿真实验教学主要在商学院国家级实验教学示范中心通过上机、模拟沙盘等形式开展。以广西大学商学院国家级实验教学示范中心为平台开展的实验有：由基础和专业必修课程的课内实验组成的专业基础课程实验；由企业竞争模拟实验、企业经营竞争沙盘模拟实验组成的专业综合实验；由经管类跨专业综合实训构成的跨专业综合实习。

7.3.3 开展校外实习基地建设

广西大学商学院各个专业制订实践教学计划，完善实践教学体系，把实验模拟教学与校外实习结合起来。为此，商学院与广西政府相关部门、商务机构和企业签约共建了多个实践教学基地，建立了商学院与实践教育基地单位的沟通联系制度，指定专人负责，派出专任教师与基地专业人员协同指导教育实践。这些实习基地，布点合理、功能明确，为课程的实践教学提供真实的工作环境，能够满足学生了解企业生产经营的实际情况、了解国家相关政策的需要，为开展实践教学、顶岗实习、创新实习等提供了保障。表7-9为广西大学商学院主要的校外实训基地。

表7-9 广西大学商学院主要校外实训基地

序号	合作单位	主要实践内容
1	南宁宝国通房地产投资咨询服务有限公司	策划、营销咨询
2	南宁在线网络信息有限公司	营销、网络营销
3	广西同济医药集团有限公司	人力资源管理、营销、客户服务
4	广西中小企业网、广西非公经济网	营销、网络营销
5	广西洋成商贸有限责任公司	销售管理、人力资源
6	南宁赛智科技有限责任公司	市场调研
7	广西超维科技有限责任公司（众品网）	市场调研
8	广西国悦企业投资集团有限公司	企划、人力资源、营销

续表

序号	合作单位	主要实践内容
9	南宁高新技术产业开发区经济发展局	招商、市场调研
10	广西南南铝箔有限责任公司	人力资源管理、市场调研
11	广西中联嘉业房地产投资有限公司	企划、人力资源管理、销售
12	南南铝业股份有限公司	项目管理、人力资源、市场调研
13	南宁市相思湖新建筑安全监督站	项目管理
14	广西新华书店集团有限公司	销售、市场调研
15	南宁市长庚机电产品经营部	销售、市场调研
16	广西天津汽车工业销售有限责任公司	销售
17	南宁市金灿程电子科技有限公司	销售、市场调研
18	广西玉柴机器股份有限公司	生产运营管理、质量管理、人力资源
19	广西远辰投资集团有限公司	项目管理、市场调研
20	中国联通广西分公司C网经营部	市场调研、营销
21	广西皇氏甲天下乳业股份有限公司	生产管理、质量管理、营销、市场调研
22	南宁宝创地产项目咨询有限公司	策划、营销咨询
23	中国科技开发院广西分院	项目管理
24	广西百合化工股份有限公司	生产运营、销售
25	广西金龙房地产投资开发有限责任公司	策划、营销咨询
26	广西糖网食糖批发市场有限责任公司	销售
27	广西田园生化有限公司	生产运营、销售
28	南宁市陆邕房地产开发有限公司	策划、销售
29	南宁硕龙科技开发有限责任公司	项目管理
30	南宁泰格金属制品有限公司	顶岗实习、外贸单证操作、外贸跟单实习
31	南宁老虎五金建材有限公司	外贸单证实习、国际贸易流程实习

续表

序号	合作单位	主要实践内容
32	广西华地工贸中心（柳州）	顶岗实习、外贸跟单实习、国际贸易流程实习
33	百色市商务局	外贸政策与企业审批
34	来宾市商务局	外贸政策与企业审批
35	广西南宁百洋食品有限公司	顶岗实习、外贸跟单实习、国际贸易流程实习
36	中外运广西有限公司	国际商务创新教育实践

7.3.4 寒暑假实践活动的改革探索

广西大学商学院各个专业紧密依托学院服务地方企业所建立起来的校企关系及校友资源，定期开展暑期实践训练营。寒暑假实践活动的改革创新的典型案例是广西大学和广西怡凯家居用品有限公司（以下简称怡凯公司）联合打造的暑期实践训练营。广西怡凯家居用品有限公司是广西大学商学院国际贸易3+2班毕业校友创办的外贸企业。"广西大学—怡凯公司"实践训练营已经连续举办四期，取得了学校、企业、学生三赢的效果。国际经济与贸易系和怡凯公司合作设计培训内容，从外贸流程到企业文化，从工厂生产到展会布展，从商务礼仪到外语训练，学生在怡凯公司轮岗实习，公司还会聘请专业人士对学生进行专题培训，实习结束时，国际经济与贸易系教师和怡凯公司专业人士对学生实习效果进行考评。通过这个实践训练营，学生们锻炼了国际贸易实操能力、人际交往能力，创新思维也得到培养，而公司也可以为未来储备人力资源。这一合作模式已趋于成熟，具体操作方案和流程可以被其他专业借鉴。

7.3.5 "第二课堂"的改革探索

广西大学商学院除了重视校内仿真实验教学、假期实践活动之外,还充分利用"第二课堂"培养学生的综合素质和提高职业素养。例如,国际经济与贸易专业借助国际经济贸易协会平台,在国际经济与贸易系老师的指导下,学生自行组织商务英语大赛、读书会、主题沙龙、英语角等活动,锻炼学生组织、沟通、协调能力、应用和提高商务外语能力及专业素质。以商务英语大赛为例,该赛事自2015年开始已成功举办五届,知名度不断提高,参赛选手来源从广西大学商学院学生扩大到其他学院学生。2018年考虑到留学生逐渐增多的特点,比赛更名为"商务英语汉语秀",增设了商务汉语秀,为留学生提供了运用汉语谈论国际经济、商务的舞台。

7.3.6 鼓励和指导学生参加学科竞赛的探索

广西大学商学院鼓励在校大学生积极参与各类学科竞赛,由经验丰富的老师对参与学科竞赛的学生进行指导。在这样的氛围下,商学院的学生通过自己寻找队友(全校范围内甚至还扩展到外校),或者加入其他学生组建的队伍,积极参与各类型的学科竞赛。通过竞赛,不仅取得了各类奖项,实践能力也得到了锻炼,尤其是通过比赛,学生的创业创新能力得到了提高。通过参加"互联网+"创业创新大赛等赛事,学生有机会得到学校关于创业创新的知识和技能培训,同时整个项目组的学生和指导老师通过头脑风暴,让创业企划书从无到有逐渐完善,路演展示中每个环节的亲力亲为,让学生的组织能力、团队协作能力、规划设计能力等都得到了锻炼。

7.4 创业创新师资队伍建设的举措

7.4.1 提升教师实践应用能力

为了提升教师实践应用能力，广西大学商学院在校企合作中有一项特色安排：实施"教师赴企业计划"，即提供让教师赴企业调研、交流，甚至挂职的机会，加强教师与企业的联系。国际经济与贸易系通过对教师参与实习和企业开展的合作实践类项目，提升教师实践应用能力。每年有2~3名教师，带领学生去校外实习单位进行实习，教师通过参与部分企业的相关活动来提高实践能力。例如，与南宁怡凯公司合作，共同培训其进出口公司的实习生，这样对进出口业务有更深入、更直接的了解和研究。

7.4.2 提升教师教学科研水平

广西大学商学院还通过参加或主办各种会议来开阔教师视野，提高教师教学与科研水平。一是参加国内学术会议项目。教师参加学科与专业发展相关的纯学术会议，国际经济与贸易专业的教师每年至少2人参加国际贸易学会年会和国际贸易学科组协作年会、国际商务教指委年会。二是主办和参加国际学术会议项目。广西大学商学院国际经济与贸易系已经成功举办了三届"中德国际物流会议"，作为主办方，不仅全系教师参与，并且每年有3~5名教师在会议上发言，交流其科研成果。三是每年邀请国内、国际著名学者来讲学，开阔教师视野和提升水平。

此外，广西大学商学院鼓励教师参加国内外各类型的培训，由此促进教师教学和科研水平的提高。商学院每年都有教师通过国家留学基金委的项目、广西高校优秀教师出国留学项目等，进行出国访学交流。商学院通过相关的教指委和软件公司对教学与科研软件进行培训，教师掌握了相关专业的教学和科研软件；到国内著名高校进行专业软件使用方面的学习；或是请专家来校给教师做专业软件使用的培训。广西大学每学期召开面向全校青年教师的授课比赛。商学院开展双语教学比赛，通过比赛提高教师教学水平。

7.5 保障人才培养质量的举措

7.5.1 建立人才培养质量保障体系

1. 教学质量保障

目前，广西大学商学院建立了学生教学质量监测系统，包括教学质量评价信息系统和教学督导系统（见图7-3）。教学质量评价信息系统通过收集学生的评教信息，建立数据库，统计分析信息，并向教师反馈。教学督导系统通过督导员听课收集信息，并向督导组反馈，由督导组向教师提出改进意见。教师在收到改进意见后，在督导组的帮助下改进自己的教学方法、方式，并进一步接受督导组监督。

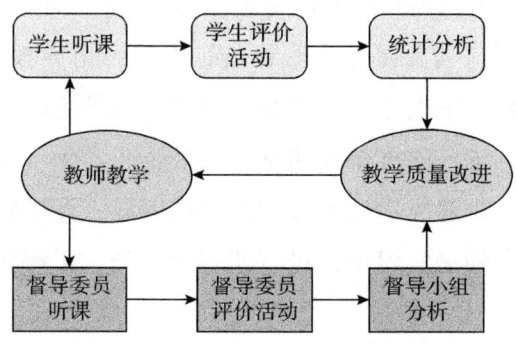

图 7-3 教学质量监测系统

2. 培养质量保障

同时，广西大学商学院建立了基于同行、用人单位、实习单位、毕业生多方共同参与的专业评估体系。①同行评估，邀请国内外知名高校的同专业专家到校对本专业的建设进行评估，并按照专家的意见进行改进；②用人单位评估，用人单位是学生的最终使用单位，对学生的素质了解、掌握的最清楚，对本专业的评估也最客观、准确，对本专业的建设提供较为重要的建议；③实习单位评估，通过学生在实习单位的实习工作，实习单位不仅能够对学生的个人职业素质进行评估，还能够对本专业的实习教学提出建议；④毕业生评估，毕业生参加工作后，对自己的所学能否适应企业所需最为清楚，通过学生的评估能够有针对性地改进本专业的教学和人才培养方案。

7.5.2 加强实践教学环节的过程监管

实践教学环节是人才培养不可或缺的一部分。实践教学活动重视过程监管。广西大学商学院很重视实践教学环节的过程监管。首先，商学院加强了对毕业论文和学年论文的管理，严格管理毕业论文和学年论文的各个环节，要求做到每个环节都有记录，每个环节的时间点安排都要合理和规范；其次，商学院加强了对实习的管理，学生实习结束后，需要撰写实习报告，由实习指导教师批阅审核，实习报告达标后，学生才可获得相应学分。商学院每个专业对于实习报告的撰写有统一的框架和明确的具体要求。为了保证学生实习的效果，以及及时解决学生实习中遇到的问题，商学院各个专业还组织实习指导老师去实习单位进行监督和交流，了解实习单位和学生实习的情况。

7.6 广西大学商学院创业创新人才培养改革成效与未来思路

7.6.1 改革的成效

广西大学商学院的相关改革取得了较好的效果。金融学、国际经济与贸易专业被认定为2019年度国家级一流本科专业建设点，工商管理专业被认定为2019年度省级一流本科专业建设点，经济学专业被认定为2020年度国家级一流本科专业建设点。工商管理专业同时是教育部评选的国家级高等学校"特色专业"和"专业综合改革试点"专业。2018年，应用经济学被纳入教育部"世界一流学科"建设计划，2019年，应用经济学进入软科学科评估的前16%（第42位）。

2016—2019年，广西大学商学院学生在许多类型的学科竞赛中取得佳绩（见附录2）。广西大学商学院的学生参加创业创新活动和科研项目的意愿较为强烈，累计有117人次参加创新创业活动，占本专业在校生的31.7%，47人次参加科研项目，占本专业在校生的12.7%（见附录3和附录4）。

7.6.2 未来改革的思路

1. 总体思路

按照广西大学"百年目标,三步实施"和建设"五个一流"、培养"五有"领军型人才的总体思路,以及商学院将建成学科布局合理、具有创业教育特色鲜明的国内一流研究教学型经济管理学院的办学定位,未来总体思路是:以服务国家战略、区域经济和社会企业发展需要为导向,以高度开放吸纳社会资源形成特色化办学模式,以持续创新树立专业"地域"特色与优势,依托"应用经济世界一流学科群""经济与管理国家级实验教学示范中心"和"应用经济学一级学科博士授权点、广西大学创业创新学院及 MBA 和 EMBA 等高端平台"构建专业整体协调发展并带动相关专业发展的良性循环机制。

2. 具体实施方案

根据教育部有关要求和广西区情合理调整教学目标和专业课程设置,重视学生专业知识掌握、学习能力和创业创新能力的提升,打造服务广西、粤港澳大湾区、东盟的经济与管理人才基地。

(1) 创新人才培养机制。建立本硕连读、本硕博研究型人才培养制度;卓越人才培养实验班;建立校外导师负责制的应用型人才培养模式,显著增强大学生实践创新能力。

(2) 进一步完善课程体系。根据社会与学科发展需要,确立专业培养目标,并在此基础上,按素质全面,基础宽厚,技能多元的原则,强化文化、科学、艺术等方面的素质课,拓宽基础课,优化专业必修课,增加专业选修课,加强实践课的思路构建课程体系。

（3）探索教学、考核方式多元化。推行学生主动型教学方式，在教学上采用灵活多样的形式，如翻转课堂和案例教学。考核方式多样化。部分实践性强的课程，探索通过学生自己设计商业营销或创新方案，在现实场景里运用和检验，写出最终报告并陈述，由指导老师给出相应分数。

（4）打造教学名师和"金课"。商学院借助国家级一流本科专业建设的契机，按照国家标准，提高教师教学水平，打造教学名师，提高课程教学质量，打造国家级"金课"。

（5）借助外部专家资源优化教学内容。请企业的资深专家参与教学改革（课程内容设计、办学理念转变、教学方法改革与调整），使课程建设、课程目标更贴近行业需求。

（6）提升实践教学水平和质量。采用实验室模拟操作、校企合作、社会实践创新等教学方式，不断提高实践教学质量。具体可以做以下工作：

第一，购买先进的教学与研究数据库与软件包。例如，CGE模型及其软件（GEMPACK）和Cesim模拟课程平台，借助国际一流高校商学院的教学资源和模式，提高教学质量。

第二，加强实践环节的管理与创新。①建设一批稳定、多元化的实习基地。本着三方受益的原则，积极争取社会各界的支持，建立稳定和多元化的实习基地。以成熟的"广西大学—怡凯公司"合作模式复制到更多企业，形成多样稳定持续的暑期和毕业实习基地。②建立较为严格的实习企业、事业单位的资格审查制度。坚持挑选业内先进、管理规范、有发展前景的企业、事业单位作为合作伙伴，并签订正式的合作协议。③建立实习管理信息系统、健全实习教学质量监控体系。④以项目和技术服务作为纽带系紧校企关系，调整和优化与企事业实习基地的关系。

第三，积极推进国际交流项目。①积极开拓与海外高校合作的范围。在稳定与德国高校合作项目的基础上，促进与澳大利亚、欧洲，尤其是东南亚地区高校的学生互换项目和短期游学项目，培养国际化视野的商务人才。②建立海外实习基地。发挥广西临近东南亚，借助东南亚留学生、行业协会等搭建东南亚海外实习基地，既满足企业需求，又为学生提供了解海外商务环境的机会。

第四，积极推进社团活动，开拓多种"第二课堂"。例如，读书会、美妆交流会、艺术品欣赏会、商务礼仪培训等项目，提升学生形象和品位，力求内外兼修。

（7）加强师资建设。打造素质结构、知识结构和能力结构，以及职称与学历结构合理的教师队伍，优化教学团队。

第一，优化教师队伍。通过引进、培训（出国、国内）、到实际部门锻炼等多种方式，提升和优化教师队伍的整体素质；尤其是领军人员和年轻新秀的人才引进计划。

第二，促进科研与教学的相互促进。活跃师资队伍的教学研究与科研气氛，形成科研与教学相互联系、互相促进的良性循环发展局面。

第三，柔性引进外部专业人才。加强企业高管、政府专业官员、行业协会等专业人士开展专题讲座和校外导师制度建设。此外，和国外、国内高校建立联合研究团队，提高科研水平。

7.7　本章小结

本章通过详解广西大学商学院人才培养模式的改革举措，为创业创新人才培养模式的实践探索提供可参考的模板。

参考文献

[1] 王晶洋，徐俏琳. 互联网+背景下大学生创业创新能力培养 [J]. 山东农业工程学院学报，2017（3）：171-174.

[2] 杨延朋. 基于互联网+的大学生创业创新能力培养策略研究 [J]. 山东社会科学，2016（6）：321-322.

[3] 张乐乐. "互联网+"环境下大学生创业创新能力培养路径探索 [J]. 软件导刊（教育技术），2018（5）：21-22.

[4] 辜胜阻，曹冬梅，李睿. 让"互联网+"行动计划引领新一轮创业浪潮 [J]. 科学学研究，2016（2）：162-165，278.

[5] 马铭铭. "互联网+"背景下大学生创业创新能力的培养分析 [J]. 中国市场，2018（1）：130-131.

[6] 谢亚军. 浅析"互联网+"背景下大学生创业创新能力的培养 [J]. 知识经济，2018（10）：149-151.

[7] 申斌. "互联网+"视域下大学生的创业创新能力培养 [J]. 环渤海经济瞭望，2018（3）：126.

[8] 李剑力. 创业型经济的特征、功能优势与运行机制 [J]. 学习论坛，2010（9）：38-41.

[9] 曹扬. 转变经济发展方式背景下高校创业创新教育问题研究：以吉林省为例 [D]. 长春：东北师范大学，2014.

[10] 宋晓华. "互联网+"背景下高校创业创新教育模式探索 [J]. 品牌研

究，2018（4）：238，300．

［11］王琳琳．互联网＋背景下的大学生创业创新教育模式研究［J］．品牌研究，2018（4）：149－151．

［12］降雪辉．"互联网＋"时代大学生创业创新教育新模式［J］．重庆科技学院学报（社会科学版），2015（12）：54－56．

［13］张也弛．"互联网＋"时代下的大学生创业创新教育模式研究［J］．现代交际：学术版，2017（21）：104－104．

［14］沈雯．互联网时代高校大学生创业创新能力培养的问题与对策研究［D］．南昌：南昌大学，2017．

［15］于美军，张金波，吕鹏举．"互联网＋"时代下大学生创业创新教育新模式的构建探析［J］．才智，2017（26）：132－132．

［16］刘小娣．"互联网＋"时代下大学生创业创新教育新模式的构建［J］．高教学刊，2017（3）：7－8．

［17］梅伟惠．美国高校创业教育模式研究［J］．比较教育研究，2008（5）：52－56．

［18］徐小洲．高校创业教育的战略选择——美国模式与欧盟模式［J］．高等教育研究，2010（6）：98－103．

［19］李文英．澳大利亚高校创业教育模式探析［J］．比较教育研究，2010（10）：76－80．

［20］刘芸．创业教育的产学研合作模式构想［J］．黑龙江高教研究，2010（7）：61－63．

［21］陈妮娜．高校应用型创新人才培养模式中的第二课堂创业教育平台构建——以中央财经大学为例［J］．中央财经大学学报，2015（12）：114－117．

［22］谢志远．高职院校培养新技术应用创业型创新人才的研究［J］．教育研究，2016（11）：107－112．

［23］李双寿．"三位一体、三创融合"的高校创业创新训练体系构建［J］．清华大学教育研究，2017（3）：111－116．

［24］魏银霞．地方工科高校创业创新教育体系研究与实践［J］．实验技术与

管理，2015（2）：14-17.

[25] 谢志远.大学生创业教育的本土化实践——以温州大学为例[J].教育发展研究，2009（2）：81-83.

[26] 沈国强.探索创业基地建设模式，助推大学生创业与就业[J].中国高校科技，2013（9）：46-48.

[27] 刘英娟.三螺旋——理论视角下地方高校创业人才培养模式研究[J].教育与职业，2013（11）：39-41.

[28] 王庚.高校创新——创业教育的当下困境与路径选择[J].华南师范大学学报（社会科学版），2015（12）：140-144.

[29] 徐桂华.以创业计划大赛为基础发展高校创业教育[J].江苏高教，2011（1）：116-117.

[30] 蒋德勤.高校创业创新教育师资队伍建设探析[J].中国高等教育，2011（5）：34-36.

[31] 柏文静.我国高等院校创业教育存在的问题及对策[J].教育与职业，2015（2）：117-118.

[32] 任艮丰.校办企业在高校创业创新人才培育中的协同机制[J].中国高校科技，2018（4）：78-79.

[33] 华煜，闫水华，胡航帆，等.国外高校个性化创业创新人才培养模式对我国创业人才培养的启示[J].中国市场，2018（8）：119-120.

[34] 罗艳.新挑战下国际贸易专业人才培养模式改革途径分析[J].北京财贸职业学院学报，2017，33（5）：67-72.

[35] 詹一虹，周雨城.国外高校创新人才培养的现状、特色及启示[J].社会科学战线，2017（6）：232-238，2.

[36] 李伟.借鉴国外经验构建我国创业创新人才培养模式[J].延安职业技术学院学报，2017，31（2）：22-24.

[37] 张典兵.国外高校创新人才培养模式的特色与借鉴[J].教育与教学研究，2015，29（8）：1-3，7.

[38] 姜慧，殷惠光，徐孝昶.高校个性化创业创新人才培养模式研究[J].国家教育行政学院学报，2015（3）：27-31.

[39] 谢梅,苗青. 美国高校创新人才培养模式及借鉴:以美国三所高校为例[J]. 西南民族大学学报(人文社会科学版),2011,32(3):217-221.

[40] 谢胜强,陈德棉,陈盈盈,等. 国外创业人才培养模式和特点比较研究[J]. 科技创业月刊,2009,22(3):87-89.

[41] 林榕镕,赵鹤芹. "国际化"背景下跨境电商人才培养模式探讨[J]. 中国商论,2017(34):185-186.

[42] 杜运苏,陈小文. "互联网+"时代国际贸易创业创新人才培养改革研究[J]. 科教文汇(下旬刊),2017(11):25-26.

[43] 刘敏,高田歌. 国贸专业跨境B2B创业创新人才培养模式研究[J]. 浙江工贸职业技术学院学报,2017,17(3):58-62.

[44] 李亚员. 国外创新人才培养研究进展与实践框架[J]. 中国高校科技,2017(Z1):46-49.

[45] 包水梅,杨冬. 美国高校创业创新教育发展的基本特征及其启示:以麻省理工学院、斯坦福大学、百森商学院为例[J]. 高教探索,2016(11):62-70.

[46] 吴轶群. "一带一路"战略背景下"双创型"人才培养路径研究:以国际贸易专业为例[J]. 教育现代化,2016,3(26):21-23.

[47] 颜蔚兰. 广西国贸专业创业创新人才培养的路径探讨[J]. 高教论坛,2015(11):83-85.

[48] 付文娟,孟悌清. 美国高校创新教育机制特征及启示:以美国本科生创新教育为例[J]. 人民论坛,2014(20):253-255.

[49] 张雪青. 地方性高校国贸应用型人才培养模式创新研究[J]. 中国电力教育,2013,287(28):44-46.

[50] 颜海明. 应用型本科院校国际经济与贸易专业实践教学体系改革探析:以安徽科技学院财经学院为例[J]. 中外企业家,2013,423(5):227-229.

[51] 翁玮. 国际经济与贸易专业实践教学改革[J]. 学术探索,2013(10):153-156.

[52] 徐辉,李长华. 国际贸易专业技能竞赛对国际贸易教学的影响探析[J].

对外经贸, 2013, 227 (5): 143-144.

[53] 黄素心. 国贸专业实验实训平台建设与教学改革探讨 [J]. 商业经济, 2013, 420 (4): 122-124.

[54] 陈宇媚. 基于"做中学"的国际贸易专业实践教学模式研究 [J]. 文教资料, 2015, 672 (4): 159-160.

[55] 熊彼特. 经济发展理论: 对利润、资本、信贷、利息和经济周期的探究 [M]. 叶华, 译. 北京: 九州出版社, 2007..

[56] SOLO C S. Innovation in the capitalist process: a critique of the schumpeterian theory [J]. The quarterly journal of economics, 1951, 65 (3)): 417-428.

[57] 杨新铭. 数字经济: 传统经济深度转型的经济学逻辑 [J]. 深圳大学学报 (人文社会科学版), 2017, 34 (4): 101-104.

[58] 刘根荣. 共享经济: 传统经济模式的颠覆者 [J]. 经济学家, 2017 (5): 97-104.

[59] 中共中央网络安全和信息化委员会办公室, 中华人民共和国国家互联网信息办公室, 中国互联网信息中心. 第45次中国互联网络发展状况统计报告 [EB/OL]. (2020-04-27) [2021-05-15]. http://www.cac.gov.cn/2020-04/27/c_1589535470378587.htm.

[60] 刘志阳, 赵陈芳, 李斌. 数字社会创业: 理论框架与研究展望 [J]. 外国经济与管理, 2020, 42 (4): 3-18.

[61] 葛兆强. 商业银行成长: 制度、技术与文化 [M]. 北京: 中国金融出版社, 2009: 226.

[62] 倪宁. 创业学习研究 从知识创造到资源获取 [M]. 上海: 上海交通大学出版社, 2015.

[63] 郑炳章, 刘德智, 吴弘. 创业计划及其竞赛的研究、应对与启示 大学生创新、创业教育的探索与实践 [M]. 北京: 中国大地出版社, 2005: 11-12.

[64] 牛长松. 英国高校创业教育研究 [M]. 北京: 学林出版社, 2009: 45.

[65] 陈斌. 创新思维与创业教育 [M]. 长春: 吉林文史出版社, 2017: 104.

[66] 房欲飞. 大学生创业教育的内涵及实施的意义[J]. 理工高教研究,2004(4):76-78.

[67] 谢芳,伍丽. 大学创业教育的再思考[J]. 江苏高教,2020(4):91-95.

[68] 联合国教科文组织中国创业教育联盟成立[J]. 复旦教育论坛,2015,13(1):2.

[69] 中国互联网络信息中心. 国家信息化发展评价报告(2016)[R/OL].(2016-11-21)[2021-05-15] https://www.sohu.com/a/119469038_500643.

[70] 教育研究编辑部. 2016中国教育研究前沿与热点问题年度报告[J]. 教育研究,2017,38(2):12-25.

[71] 钟秉林. 人工智能怎样颠覆传统教育[J]. 教育发展研究,2019(7).

[72] 任友群,等. 促进人工智能教育的可持续发展[J]. 现代远程教育研究,2019(5).

[73] 余清臣. 人工智能时代的知识教育[J]. 人民教育,2019(9).

[74] 郑石明. 大数据驱动创业创新教育变革:理论与实践[J]. 清华大学教育研究,2016,37(3):65-73.

[75] 宁虹,赖力敏. 人工智能+教育:居间的构成性存在[J]. 教育研究,2019(6).

[76] 李政涛,罗艺. 智能时代的生命进化及其教育[J]. 教育研究,2019(11).

[77] 国家市场监督管理总局,中国国家标准化管理委员会. 智慧校园总体框架(GB/T36342-2018)[S/OL].(2018-03-15)[2021-05-15]. https://max.book118.com/html/2018/0701/8007130001001114.shtm 2018,3.

[78] 华强森,陈有钢,成政珉,等. 中国的选择:抓住5万亿美元的生产力机遇[R/OL].(2016-06-25)[2021-05-15]. http://www.199it.com/archives/487783.html.

[79] 吴啸浪. 国务院常务会确定支持平台经济健康发展措施,社会资本掘金"互联网+服务业"[EB/OL].(2019-07-18)[2020-05-15]. http://www.gov.cn/xinwen/2019-07/18/content_5410939.htm.

[80] 许涛,郑文江. 美国大学创业创新教育的发展现状及其新特征[J]. 现代教育技术,2019,29(4):114-119.

[81] 张杰. 扎根中国,建设世界一流创新型大学[J]. 中国高等教育,2016(7):22-25.

[82] 埃尔基莱,汪溢,常飒飒. 创业教育:美国、英国和芬兰的论争[M]. 北京:商务印书馆,2017:63.

[83] 张庆晓,许礼刚,王轶珍. 美国高校开展一流创业创新教育的经验及启发[J]. 黑龙江高教研究,2020,38(4):98-102.

[84] 王歆玫,严毛新. 从核心课程实施到支持性环境创设:高校创业人才培养研究——以美国巴布森学院为例[J]. 教育发展研究,2018,38(19):70-77.

[85] 刘帆,王立军,魏军. 美国高校创业教育的目标、模式及其趋势[J]. 中国青年政治学院学报,2008(4):98-101.

[86] 梁会青,孙焕焕. 以评估促发展:从全美创业教育调查看美国高校创业教育[J]. 世界教育信息,2018,31(15):34-43.

[87] 赵中建,卓泽林. 创业创新,美国大学这么做[N]. 中国教育报,2015-07-08(11).

[88] 姚小玲,张雅婷. 美国斯坦福大学创业创新教育生态系统探究[J]. 山西大学学报(哲学社会科学版),2018,41(5):122-127.

[89] 张晓鹏. 美国大学创新人才培养模式探析[J]. 中国大学教学,2006(3):7-11.

[90] 王立. 麻省理工学院开放课程计划十年回顾与展望[J]. 高教发展与评估,2012,28(4):108-113.

[91] 刘志. 哈佛大学创业教育课程建设的历程与经验[J]. 教育研究,2018,39(3):146-153.

[92] 王旭燕,叶桂方. 大学创业生态系统构建机制研究:以加州大学洛杉矶分校为例[J]. 中国高教研究,2018(2):36-41.

[93] 金津,赵文华. 美国研究型大学顶级创业大赛的比较与借鉴[J]. 清华大学教育研究,2011,32(5):79-85.

[94] 张杨,胡瑞琦. 中美高校创业大赛模式的比较及其启示[J]. 世界教育

信息, 2012, 25 (8): 61-66.

[95] 汪怀君. 美国研究型大学的创业创新教育生态系统及其启示 [J]. 黑龙江高教研究, 2020, 38 (6): 73-79.

[96] 江露露. 美国大学生创业创新教育实践: 基于《创新和创业型大学: 聚焦高等教育创新和创业》的分析 [J]. 世界教育信息, 2016, 29 (21): 20-26, 33.

[97] 史金金, 田华. 美国堪萨斯大学创业创新教育体系及启示 [J]. 高等工程教育研究, 2018 (3): 117-123.

[98] 刘恒. 美国大学创业教育孵化机制的经验与启示: 以麦迪逊-威斯康星大学为例 [J]. 创新与创业教育, 2019, 10 (1): 108-113.

[99] 韩萌. 牛津大学"共生式"创业教育模式及其借鉴: 基于商学院的实践 [J]. 大学教育科学, 2020 (1): 51-57.

[100] 华煜, 闫水华, 胡航帆, 等. 国外高校个性化创业创新人才培养模式对我国创业人才培养的启示 [J]. 中国市场, 2018 (8): 119-120.

[101] 罗艳. 新挑战下国际贸易专业人才培养模式改革途径分析 [J]. 北京财贸职业学院学报, 2017, 33 (5): 67-72.

[102] 詹一虹, 周雨城. 国外高校创新人才培养的现状、特色及启示 [J]. 社会科学战线, 2017 (6): 232-238.

[103] 李伟. 借鉴国外经验构建我国创业创新人才培养模式 [J]. 延安职业技术学院学报, 2017, 31 (2): 22-24.

[104] 姜慧, 殷惠光, 徐孝昶. 高校个性化创业创新人才培养模式研究 [J]. 国家教育行政学院学报, 2015 (3): 27-31.

[105] 徐秀红, 黄登良, 肖红新. "双创"教育视域下大学生就业满意度探析 [J]. 教育与职业, 2020, 969 (17): 67-72.

[106] 国务院. 国务院关于印发《中国制造2025》的通知 [EB/OL]. (2015-05-19) [2021-05-15]. http://www.gov.cn/zhengce/content/2015-05/19/content_9784.htm.

[107] 中华人民共和国教育部. 教育部关于大力推进高等学校创新创业教育和大学生自主创业工作意见 [EB/OL]. (2010-05-13) [2021-05-

15］. http：//www. moe. gov. cn/srcsite/A08/s5672/201005/t20100513_120174. html.

［108］中华人民共和国教育部. 教育部印发《普通本科学校创业教育教学基本要求（试行）》［EB/OL］.（2012 - 08 - 13）［2021 - 05 - 15］. http：//old. moe. gov. cn//publicfiles/business/htmlfiles/moe/s5987/201208/140716. html.

［109］中共中央网络安全和信息化委员会办公室，中华人民共和国国家互联网信息办公室，中国互联网信息中心. 国家信息化发展评价报告（2016）［EB/OL］.（2016 - 11 - 13）［2021 - 05 - 15］. http：//www. cnnic. cn/hlwfzyj/hlwxzbg/hlwtjbg/201611/t20161118_56109. htm.

［110］国务院办公厅. 国务院办公厅关于深化高等学校创新创业教育改革的实施意见［EB/OL］.（2015 - 05 - 13）［2021 - 05 - 15］. http：//www. gov. cn/zhengce/content/2015 - 05/13/content_9740. htm.

［111］国务院办公厅. 国务院办公厅关于深化高等学校创新创业教育改革的实施意见［EB/OL］.（2015 - 05 - 13）［2021 - 05 - 15］. http：//www. gov. cn/zhengce/content/2015 - 05/13/content_9740. htm.

［112］国务院. 国务院关于印发新一代人工智能发展规划的通知［EB/OL］.（2017 - 12 - 26）［2021 - 05 - 15］. http：//www. cac. gov. cn/2017 - 12/26/c_1122166495. htm.

［113］人力资源社会保障部. 国家中长期人才发展规划纲要（2010—2020）［EB/OL］.（2015 - 03 - 13）［2021 - 05 - 15］. http：//www. mohrss. gov. cn/SYrlzyhshbzb/zwgk/ghcw/ghjh/201503/t20150313_153952. htm.

［114］向延平. 地方性高校社会化服务绩效评价研究［M］. 成都：电子科技大学出版社，2012：55.

［115］新华社. 新华社授权发布《国家中长期教育改革和发展规划纲要（2010—2020年）》［EB/OL］.（2012 - 07 - 13）［2021 - 05 - 15］. http：//old. moe. gov. cn//publicfiles/business/htmlfiles/moe/s4560/201007/95600. html.

［116］张其光."互联网 + "时代高校创业教育体系构建与实现路径［J］. 西南师范大学学报（自然科学版），2020，45（12）：148 - 153.

[117] 王国鹏. "双创型"职业教育模式的国际借鉴与发展路径 [J]. 高等工程教育研究, 2020 (2): 154-158, 189.

[118] 费志勇. 沉浸式大学生创业教育生态系统构建探究 [J]. 实验室研究与探索, 2020, 39 (7): 223-227.

[119] 汪俞辰. 高校创新创业教育模型构建及运行机制研究 [J]. 教育与职业, 2020 (17): 62-66.

[120] 韩喜平, 杨雪. 新时代大学生创新创业困境及教育路径 [J]. 思想政治教育研究, 2020, 36 (5): 152-155.

[121] 杨景发, 王淑芳, 李盼来, 等. "科—专—创—场"四位一体双创实践平台构建与实践 [J]. 实验技术与管理, 2021, 38 (2): 16-19.

[122] 刘译阳, 边恕. 高校创新创业教育存在的问题、原因及对策 [J]. 现代教育管理, 2019 (9): 32-37.

[123] 丁志刚. 以培养"双创型"人才为导向构建学科竞赛管理体系: 以绍兴文理学院电子商务竞赛基地为例 [J]. 人才, 2013 (8): 67-68.

[124] 宋建伟, 曹然彬, 包玉花. "双创型"人才培养模式研究与实践: 以电气类专业人才培养为例 [J]. 职业教育, 2013 (9): 62-64.

[125] SCHUMPETER J. The theory of economic development [M]. Boston: Harvard University Press, 1934.

[126] AMABILE T M. Creativity in context [M]. Boulder: Westview Press, 1996.

[127] BAUMOL W J. Formal entrepreneurship theory in economics: existence and bounds [J]. Journal of business venturing, 1993, 8 (3): 197-210.

[128] ECKHARD J T, SHANE S A. Opportunities and entrepreneurship [J]. Journal of management, 2003, 29 (3): 333-349.

[129] 王瑾, 胡恩华. 创新创业教育元理论探析: 基于高校学科建设的视角 [J]. 江苏高教, 2020 (7): 99-102.

[130] 向敏, 许钊钿, 谢琅, 等. 高校教师创新创业教育能力模型建构: 基于全国596所高校双创教师数据的实证分析 [J]. 中国电化教育, 2020, 403 (8): 55-62.

[131] 王志强, 龙泽海. 基于组织支持机制的我国高校创新创业教师能力结构

研究：基于1231所高校的实证调查［J］. 华东师范大学学报（教育科学版），2020（12）：42-52.

［132］郭丽莹. 高校创新创业教师胜任力指标体系的实证分析：基于全国12596名教师样本［J］. 南京师大学报（社会科学版），2020（3）：53-62.

［133］李政，任航. 中国区域创新效率比较与提升路径：基于创新型创业活动视角［J］. 黑龙江社会科学，2014（4）：61-65.

［134］沈芳. 对高校创新创业教育本质内涵的再认识［J］. 当代经济，2017（26）：108-109.

［135］卢栎. 关于高职创新创业教育融入专业教育相关问题的思考［J］. 祖国，2019（1）：209-210.

［136］高晓杰，曹胜利. 创新创业教育：培养新时代事业的开拓者——中国高等教育学会创新创业教育研讨会综述［J］. 中国高教研究，2007（7）：91-93.

［137］周志成. 高等教育哲学视阈下的创新创业教育［J］. 北京交通大学学报（社会科学版），2011，10（3）：122-125.

［138］卓泽林，曹彦杰. 美国高校如何构建创新创业生态系统：基于资源投入的视角［J］. 学术论坛，2016，39（1）：162-167.

［139］FINKLE T A. Entrepreneurship education trends［J］. Research in business and economics journal，2010（1）：35.

［140］KURATKO D F. Entrepreneurship education：emerging trends and challenges for the 21st century［J］. White paper，US Association of small business education，2003（22）：1-39.

［141］张英杰. 高校创业教育教师的学术创业能力评价及提升路径［J］. 高校教育管理，2018，12（2）：80-87.

［142］石丽，李吉桢. 高校创新创业教育：内涵、困境与路径优化［J］. 黑龙江高教研究，2021，322（2）：100-104.

［143］石国亮. 时代推展出来的大学生创新创业教育［J］. 思想教育研究，2010（10）：65-68.

［144］战弋，孙伟. 素质教育、创新教育与创业教育之间的关系及三者协调发

展［J］．理工高教研究，2008（6）：103－105．

[145] 宋妍．高校创新创业教育与思想政治教育关系研究［D］．长春：东北师范大学，2017．

[146] 张冰，白华．"高校创新创业教育"概念之辨［J］．高教探索，2014（3）：48－52．

[147] 张澍军．作为理念和模式的创新创业教育［N］．光明日报，2013－03－14（11）．

[148] 王洪才，郑雅倩．创新创业教育的哲学假设与实践意蕴［J］．高校教育管理，2020（6）：34－40．

[149] 李亚员．大学生创新创业教育的目标、原则及路径优化［J］．思想理论教育，2015（10）：83－87．

[150] 周志刚，闫智勇，朱丽佳．教师专业能力结构研究范式的源流与融合［J］．天津大学学报（社会科学版），2013，15（2）：166－172．

[151] 伍耀规．高校创业教育师资队伍建设路径探析［J］．大学教育，2014（3）：22－23，39．

[152] 祝成林，和震．基于"过程—结果"的高职院校创新创业教育质量评价研究［J］．南京师大学报（社会科学版），2020（3）：63－72．

[153] 黄兆信，李炎炎，刘明阳．中国创业教育研究20年：热点、趋势与演化路径——基于37种教育学CSSCI来源期刊的文献计量分析［J］．教育研究，2018（1）：64－73．

[154] 梅伟惠．高校创业教育评价的类型与影响因素［J］．教育发展研究，2011（3）：45－49．

[155] 李亚东，朱伟文．高校创新创业教育评价监测研究［J］．中国高教研究，2019（1）：48－52．

[156] MOBERG K, VESTERGAARD L, FAYOLLE A, et al. How to assess and evaluate the influence of entrepreneurship education [EB/OL]. (2017－07－21) [2021－05－15]. https://www.ffe-ye.dk/media/785741/astee-report.pdf (accessed 1/7/2021).

[157] FAYOLLE A B. GAILLY N, Clerc L. Assessing the impact of entrepreneurship

education programmes: a new methodology [J]. Journal of european industrial training, 2006, 30 (9): 701-720.

[158] COUETIL N D, RHOADS T R S, HAGHIGHI A. Development of an assessment instrument to examine outcomes of entrepreneurship education on engineering etudents [EB/OL]. (2019-08-11) [2021-05-15]. https://www.researchgate.net/publication/224207153 (accessed 11/8/2019).

[159] COUETIL N D. Assessing the impact of entrepreneurship education programs: challenges and approaches [J]. Journal of small business management, 2013, 51 (3): 394-409.

[160] 和震, 祝成林. 高职院校创业教育的价值取向、目标及其实施策略 [J]. 国家教育行政学院学报, 2018 (3): 83-89.

[161] 黄兆信, 黄扬杰. 创新创业教育质量评价探新: 来自全国1231所高等学校的实证研究 [J]. 教育研究, 2019 (7): 91-101.

[162] 郑刚, 梅景瑶, 何晓斌. 创业教育对大学生创业实践究竟有多大影响: 基于浙江大学国家大学科技园创业企业的实证调查 [J]. 中国高教研究, 2017 (10): 72-77.

[163] 宋之帅, 徐美波, 乔宁. 高校创业教育质量评价体系及实证研究 [J]. 合肥工业大学学报（社会科学版）, 2012 (5): 121-126.

[164] 张淑梅, 刘珍. 基于CIPP的高职院校创新创业教育评价体系构建 [J]. 中国职业技术教育, 2017 (26): 53-55, 66.

[165] 李集城. 基于效率视角的创业教育质量评价体系研究 [J]. 科技管理研究, 2012 (15): 145-149.

[166] 陈洪华. 美国创新创业教育成功经验对我国高校的几点启示 [J]. 锦州医科大学学报：社会科学版, 2018 (3): 93-95.

[167] 水梅. 美国创新创业教育课程建设研究 [J]. 经济研究导刊, 2015 (6): 252-253.

[168] 叶维. 美国创新创业教育课程组织的模式分析：以百森商学院、斯坦福大学、密苏里大学为例 [J]. 重庆广播电视大学学报, 2017 (2): 30-36.

[169] 郝杰,吴爱华,侯永峰.美国创新创业教育体系的建设与启示[J].高等工程教育研究,2016(2):7-12.

[170] 杨树森.关于高职院校创新创业教育工作的思考[J].宁夏教育,2018(4):14-16.

[171] 王敬华,赵清华.德国政府促进创新创业的主要政策和举措[J].全球科技经济瞭望,2016(7):15-21.

[172] 刘芳宇.美国、韩国和德国高校创新创业教育的经验及启示[J].科教导刊(电子版),2019(29):13-14.

[173] 朱文玉,李汝敏.日本高校创新创业教育及对我国的启示[J].教育探索,2018(4):121-125.

[174] 樊熙,徐俊杰.美国、英国、日本高校创新创业教育现状[J].吉林医药学院学报,2019(6):434-435.

[175] 乔娜.新加坡创新创业教育体系的建设与启示[J].世界教育信息,2019,32(1):39-45.

[176] 李涵.法国高校创业教育研究[D].杭州:浙江大学,2017.

[177] 张燕妮.法国创新创业教育的现状和启示[J].江苏高教,2020(9):121-124.

[178] 傅田,赵柏森,许媚."三螺旋"理论下创新创业教育与专业教育融合的机理、模式及路径[J].教育与职业,2021,980(4):74-80.

[179] 鲍明旭.数字时代创新创业教育生态系统研究:基于三螺旋理论[J].技术经济与管理研究,2020(10):31-35.

[180] LEYDESDORFF L, ETZKOWITZ H D. Emergence of a triple helix of university-industry-government relations [J]. Science and public policy, 1996, 23(5):279-286.

[181] YU C W. Understanding the ecosystems of Chinese and American entrepreneurship education [J]. Journal of entrepreneurship education, 2018, 21(2):1-18.

[182] PIQUE J M, MIRABENTB J, ETZKOWITZ H. Triple helix and the evolution of ecosystems of innovation: the case of silicon valley [J]. Triple helix,

2018, 5 (1): 1-21.

[183] 赵东霞, 郭书男, 周维. 国外高校科技园"官产学"协同创新模式比较研究: 三螺旋理论的视角 [J]. 中国高教研究, 2016 (11): 89-94.

[184] 张秀娥, 张宝文, 秦鹤. 大学生创新创业生态系统优化研究: 基于三螺旋理论的视角 [J]. 财经问题研究, 2017 (5): 79-85.

[185] ETZKOWITZ H D, LEYDESDORFF L A. The dynamics of innovation: from national systems and "Mode" 2 to a triple helix of university – industry – government relations [J]. Research Policy, 2000, 29 (2): 109-123.

[186] BRUSH C G. Exploring the concept of an entrepreneurship education ecosystem [M]. UHouston: Emerald Group Publishing Limited, 2014: 25-39.

[187] 李琳璐. 斯坦福大学的创新创业教育: 系统审视与经验启示 [J]. 高教探索, 2020 (3): 56-65.

[188] 刘月秀. 生态系统视域下美国高校创业教育探析 [J]. 中国高等教育, 2012 (10): 61-63.

[189] 陈少雄. 大学创业教育生态系统培育策略研究: 基于广东省高校的调查分析 [J]. 教育发展研究, 2014, 3 (11): 64-69.

[190] 杨京平. 环境生态学 [M]. 北京: 化学工业出版社, 2006.

[191] 徐小洲, 王旭燕. GALCHS 视野下的创业教育生态发展观 [J]. 华东师范大学学报 (教育科学版), 2016, 34 (2): 16-21, 111.

[192] CREMIN L A. Public education [M]. New York: Basic Books Inc Publishers, 1976: 24.

[193] 刘振亚. 中美高校创业教育生态化培育的比较研究 [J]. 黑龙江高教研究, 2013, 31 (12): 80-82.

[194] DUNN K. The entrepreneurship ecosystem [J]. Technology review, 2005 (9).

[195] CARVALHO L A, COSTA T, DOMINGUINHOS P. Creating an entrepreneurship ecosystem in higher education [EB/OL]. (2018-03-15) [2021-05-15]. https://comum.rcaap.pt/bitstream/10400.26/4106/1/InTech-Creating_an_entrepre-neurship_ecosystem_in_higher_education.pdf.

[196] 崔月芝,陶芙蓉,李艳. 高校创新创业教育多元协作的价值取向与策略选择[J]. 当代教育科学,2020(6):78-80.

[197] 王勇,王明强,孟宁宁. 校地协同模式下大学生创新创业实践体系建设途径与策略[J]. 教育评论,2017(7):82-86.

[197] 李双寿,李乐飞,孙宏斌,等."三位一体、三创融合"的高校创新创业训练体系构建[J]. 清华大学教育研究,2017(2):111-116.

[198] 黄旭艳. 多维协同视域下职业院校创新创业教育模式探究[J]. 教育与职业,2018(6):52-55.

[199] 郭宇,牛慧,朱学荣. 高职院校创新创业人才培养实践与探索:以内蒙古建筑职业技术学院教育教学体系建设为例[J]. 职教论坛,2019(7):133-136.

[200] 王红霞,徐兴林,汤冬冬. OBE理念视角下民办应用型高校创新创业教育探索[J]. 教育与职业,2021,980(4):69-73.

[201] 于丹,宋晓兵,李迎秋,等. 基于OBE的普适性创新创业课程体系探析:以大连东软信息学院为例[J]. 高等工程教育研究,2020(2):183-189.

[202] 郑大锋,陈砺,王秀军. OBE工程教育理念与化工专业实践教学体系研究[J]. 实验技术与管理,2017,34(5):154-157,160.

[203] 顾佩华,等. 基于"学习产出"(OBE)的工程教育模式[J]. 高等工程教育研究,2014(1):27-37.

[204] 王占仁."广谱式"创新创业教育的体系架构与理论价值[J]. 教育研究,2015(5):56-62.

[205] 成希,李世勇. 大学创新创业教育生态系统的指标构建与权重分析[J]. 大学教育科学,2020,179(1):99-106.

[206] 刘文杰. 我国高校创业生态系统的现实困境及其超越[J]. 高校教育管理,2020,14(5):68-75.

[207] 安美忱. 高校创新创业教育"立体化"新模式研究[J]. 黑龙江高教研究,2020,318(10):108-113.

[208] 宋之帅. 工科高校创新创业教育模式研究[D]. 合肥:合肥工业大

学,2014.

[209] 查云飞,刘霞. 新时代应用型高校创新创业教育的特点、挑战及前瞻[J]. 创新与创业教育,2020,11(5):40-44.

[210] 袁自煌. 抓住首要问题指明方向目标[J]. 中国高等教育,2018(18):13-14.

[211] 胡光中,刘向丽. 论创新创业教育融入高校人才培养体系的实施途径[J]. 江西教育学院学报,2011(6):169-172.

[212] 张燕妮,高子莘. 我国商科类院校创业创新教育模式的探索研究[J]. 辽宁科技学院学报,2021(3):34-36.

[213] 李丹,金丹,潘敏,等. 清华大学创新创业教育模式对高职创新创业教育的启示[J]. 湖北开放职业学院学报,2019,255(1):3-5.

[214] 孙卫红,赵春鱼,宋明顺,等. 基于学生创新周期的高校创新教育探索与实践:以中国计量大学为例[J]. 高等工程教育研究,2020(4):168-173.

[215] 薛勇. 产教深度融合:高校人才培养模式的制度生成[J]. 中国高等教育,2020(10):58-60.

[216] 朱华兵,费志勇. 地方本科高校开展创新创业教育的路径探讨[J]. 学校党建与思想教育,2020,617(1):63-64,86.

[217] 刘峰. 地方应用型高校经管类创新创业实践育人的探究[J]. 实验技术与管理,2020,37(5):26-30.

[218] 黄兆信,杜金宸. "双一流"建设高校学生对创新创业课程质量满意度研究[J]. 华东师范大学学报(教育科学版),2020(12):33-41.

[219] 沈云慈. 地方高校创新创业教育支持体系的构建:基于产学研协同全链条融通视角[J]. 中国高校科技,2020(12):72-76.

[220] 宋之帅,王章豹. 我国创新创业教育生态系统演进历程与发展趋势[J]. 中国高等教育,2020(2):38-39,54.

[221] 梁珣. 我国高校创新创业教育面临的问题与发展趋势[J]. 中国多媒体与网络教学学报,2019(1):71-72.

[222] 高岩. 高校创新创业教育存在的问题及改进建议[J]. 呼伦贝尔学院学

报，2020，28（4）：103-105.

[223] 覃东欢，许伟，王丹. 大学生课外科技创新活动的实践及创新能力培养研究［J］. 高教学刊，2019（25）：25-27.

[224] 程娟娟. 创新教育环境下大学生科技创新能力培养体系研究［J］. 教育现代化，2019，6（A5）：54-56，60.

[225] 姚圣卓，王传涛，田洪森. 应用型高校创新创业教育师资队伍建设的问题与路径［J］. 教育与职业，2020，965（13）：69-74.

广西大学创业创新教育访谈的情况记录

1. 您的学历是什么？[单选题]

选项	小计	比例
A. 本科生	40	70.18%
B. 研究生	17	29.82%
本题有效填写人次	57	

2. 您对广西大学开展创业创新教育有完整认识吗？[单选题]

选项	小计	比例
A. 十分清楚	2	3.51%
B. 了解一些	38	66.67%
C. 不了解	17	29.82%
本题有效填写人次	57	

3. 您对挑战杯等创新活动和创业计划大赛等活动感兴趣？[单选题]

选项	小计	比例
A. 极强兴趣	13	22.81%
B. 一般	35	61.4%
C. 不感兴趣	9	15.79%
本题有效填写人次	57	

4. 您了解创业活动的相关政策吗？[单选题]

选项	小计	比例
A. 非常了解	3	5.26%
B. 了解一些	32	56.14%
C. 不了解	22	38.6%
本题有效填写人次	57	

5. 您愿意进行自主创业吗？[单选题]

选项	小计	比例
A. 非常不愿意	5	8.77%
B. 不能接受	3	5.26%
C. 可以考虑	43	75.44%
D. 非常愿意	6	10.53%
本题有效填写人次	57	

6. 您了解挑战杯等创新活动和创业计划大赛等活动吗？[单选题]

选项	小计	比例
A. 不了解	13	22.81%
B. 听说过但了解甚少	22	38.6%
C. 了解一些	20	35.09%
D. 非常清楚	2	3.51%
本题有效填写人次	57	

7. 您认为参赛作品的选题来源范围是什么？[单选题]

选项	小计	比例
A. 与本专业知识有联系	33	57.89%
B. 指导教师的选题	15	26.32%
C. 其他专业知识	9	15.79%
本题有效填写人次	57	

8. 您认为参赛作品中技术含量如何？[单选题]

选项	小计	比例
A. 较高	13	22.81%
B. 一般	40	70.18%
C. 没有	4	7.02%
本题有效填写人次	57	

9. 您参加创业创新教育相关课程的学习形式是什么？[单选题]

选项	小计	比例
A. 必修课	10	17.54%
B. 选修课	30	52.63%
C. 没参加	17	29.82%
本题有效填写人次	57	

10. 您参加过几门创业创新的相关课程？[单选题]

选项	小计	比例
A. 没参加过	15	26.32%
B. 1~2门	42	73.68%
C. 3~4门	0	0
D. 5门及以上	0	0
本题有效填写人次	57	

11. 您参加创业创新课程学习的形式是什么？[单选题]

选项	小计	比例
A. 互联网课程	20	35.09%
B. 老师课堂讲教授	22	38.6%
C. 其他	15	26.32%
本题有效填写人次	57	

12. 您认为在创业创新教育的教学过程是否收获了前沿知识？[单选题]

选项	小计	比例
A. 收获甚多	16	28.07%
B. 收获很少	33	57.89%
C. 没有收获	8	14.04%
本题有效填写人次	57	

13. 您认为广西大学创业创新教育的教学内容和方法如何？[单选题]

选项	小计	比例
A. 枯燥无吸引力	20	35.09%
B. 对自己有收获	20	35.09%
C. 不清楚	17	29.82%
本题有效填写人次	57	

14. 您认为广西大学创业创新教育课程内容如何？[单选题]

选项	小计	比例
A. 与专业教育相融	16	28.07%
B. 与专业教育脱节	20	35.09%
C. 不确定	21	36.84%
本题有效填写人次	57	

15. 您认为教师在教学中对学生创新培养发挥作用了吗？[单选题]

选项	小计	比例
A. 发挥重要作用	21	36.84%
B. 较小的作用	28	49.12%
C. 没有作用	8	14.04%
本题有效填写人次	57	

16. 据您了解广西大学为创业创新教育提供基地或园区了吗？[单选题]

选项	小计	比例
A. 提供了	23	40.35%
B. 没提供	6	10.53%
C. 不清楚	28	49.12%
本题有效填写人次	57	

17. 您参加过学校组织的创业创新实训、实践吗？[单选题]

选项	小计	比例
A. 参加很多	5	8.77%
B. 参加很少	30	52.63%
C. 没参加过	22	38.6%
本题有效填写人次	57	

18. 您参加过创新或创业等相关活动吗？[单选题]

选项	小计	比例
A. 参加很多	8	14.04%
B. 参加很少	33	57.89%
C. 没参加过	16	28.07%
本题有效填写人次	57	

19. 您参加创业创新活动的目的是什么?[单选题]

选项	小计	比例
A. 拿创业创新学分	20	35.09%
B. 真正想创业	9	15.79%
C. 体验一下	28	49.12%
本题有效填写人次	57	

20. 你认为广西大学对创业创新教育的重视程度如何?[单选题]

选项	小计	比例
A. 非常重视	7	12.28%
B. 比较重视	33	57.89%
C. 重视不足	17	29.82%
本题有效填写人次	57	

21. 您认为广西大学创业创新教育总体开展得如何吗?[单选题]

选项	小计	比例
A. 丰富多彩	7	12.28%
B. 一般	34	59.65%
C. 缺少实质内容和知识体系	16	28.07%
本题有效填写人次	57	

22. 您认为广西大学在开展创业创新教育过程中哪些方面的教育还有所欠缺?[多选题]

选项	小计	比例
A. 创业方向的选择	33	57.89%
B. 创新方向的选择	38	66.67%
C. 法律、管理知识	30	52.63%
D. 实训实践学习	35	61.4%

续表

选项	小计	比例
E. 专业理论知识	25	43.86%
F. 实际动手操作能力	36	63.16%
G. 创新创业活动的宣传与指导	24	42.11%
H. 书写策划书的能力	26	45.61%
I. 其他	8	14.04%
本题有效填写人次	57	

23. 您最希望学校开设创业创新教育课程的哪方面知识？[多选题]

选项	小计	比例
A. 创业知识和理论	26	45.61%
B. 创新知识和理论	38	66.67%
C. 法律、管理知识	33	57.89%
D. 实训实践学习	35	61.4%
E. 加强专业理论知识	27	47.37%
F. 提高实际动手操作能力	37	64.91%
G. 书写策划书的能力	27	47.37%
H. 其他	5	8.77%
本题有效填写人次	57	

24. 您如选择自主创业主要原因是？[多选题]

选项	小计	比例
A. 一直都有创业的理想和愿望	31	54.39%
B. 有非常好的创业项目	35	61.4%
C. 继承家族事业	6	10.53%
D. 创业能带来可观的收入	35	61.4%
E. 未找到合适的工作，不得不创业	15	26.32%
F. 其他	9	15.79%
本题有效填写人次	57	

25. 您认为大学生在创业过程中最缺少哪些方面的支持？[多选题]

选项	小计	比例
A. 朋友	19	33.33%
B. 政府和社会	46	80.7%
C. 学校	26	45.61%
D. 家庭环境	30	52.63%
E. 指导老师	24	42.11%
本题有效填写人次	57	

26. 您认为大学生在创业创新时有哪些需求？[多选题]

选项	小计	比例
A. 足够资金	46	80.7%
B. 完善知识结构	39	68.42%
C. 家庭的支持	27	47.37%
D. 实践训练和经验	40	70.18%
E. 相关扶持政策	44	77.19%
F. 学校提供指导与服务	36	63.16%
G. 后续的保障措施	38	66.67%
本题有效填写人次	57	

27. 您认为大学生创业的最佳方式是？[多选题]

选项	小计	比例
A. 团队创业	45	78.95%
B. 专业领域创业	35	61.4%
C. 加盟创业	17	29.82%
D. 网络创业	21	36.84%
E. 概念创业	12	21.05%
F. 兼职创业	13	22.81%
本题有效填写人次	57	

28. 您认为广西大学教育对大学生创业不利的方面是什么？[多选题]

选项	小计	比例
A. 缺少社会实践平台	43	75.44%
B. 理论知识脱离实际	35	61.4%
C. 学习压力大	29	50.88%
D. 缺乏后备保障	37	64.91%
本题有效填写人次	57	

29. 创业过程中您遇到的主要困难是？[多选题]

选项	小计	比例
A. 创业政策的扶持力度不够	30	52.63%
B. 缺少好的创业项目	38	66.67%
C. 创业团队不成熟	40	70.18%
D. 缺少足够的创业资金	37	64.91%
E. 创业计划书难于撰写	25	43.86%
F. 缺少社会资源	27	47.37%
G. 创业意识不强烈	23	40.35%
H. 缺少创业能力	20	35.09%
I. 创业氛围不浓厚	19	33.33%
J. 其他	6	10.53%
本题有效填写人次	57	

30. 您认为广西大学对大学生创业教育培养中应注重哪些方面？[多选题]

选项	小计	比例
A. 项目实践	34	59.65%
B. 鼓励学生创办公司	20	35.09%
C. 模拟创业	35	61.4%
D. 创业技能培养	32	56.14%

续表

选项	小计	比例
E. 专业教育和创业教育相结合	35	61.4%
F. 创业方面的专家指导	31	54.39%
G. 创业意识培养	26	45.61%
H. 其他	7	12.28%
本题有效填写人次	57	

31. 您最想获得关于大学生创业的哪些信息与指导？[多选题]

选项	小计	比例
A. 创业资金扶持	35	61.4%
B. 大学生创业的相关政策	35	61.4%
C. 专家咨询指导	39	68.42%
D. 创业团队组建	29	50.88%
E. 成功人士的经验	28	49.12%
F. 创业的流程	23	40.35%
G. 创业的成本控制与财务管理	24	42.11%
H. 创业项目	21	36.84%
I. 创业机会的选择与把握	22	38.6%
J. 所学专业的行情	24	42.11%
K. 其他	7	12.28%
本题有效填写人次	57	

32. 您认为大学生创业的未来趋势如何？[多选题]

选项	小计	比例
A. 创业人数逐渐递减	20	35.09%
B. 创业热情越来越多高长	33	57.89%
C. 不是很清楚	23	40.35%
D. 对升社会经济水平有一定作用	18	31.58%
本题有效填写人次	57	

2016—2019年广西大学商学院学生获各类竞赛奖励情况

序号	项目/竞赛名称	所获奖励或支持名称	年份	等级	授予部门
1	广西发展"养老农业"的前景及途径分析——以上林县不孤村为例	"大学生创业创新训练计划"区级拟推荐创业项目	2018	省部级	广西壮族自治区教育厅
2	多功能视角下的CSA发展研究——以南宁市毛豆开心农场为例	"大学生创业创新训练计划"区级项目	2018	省部级	广西壮族自治区教育厅
3	广西智能农场发展现状及其对策研究	"大学生创业创新训练计划"区级项目	2018	省部级	广西壮族自治区教育厅
4	广西融安县农村一二三产业融合问题与对策研究	"大学生创业创新训练计划"区级项目	2018	省部级	广西壮族自治区教育厅

附录2 2016—2019年广西大学商学院学生获各类竞赛奖励情况

续表

序号	项目名称	所获奖励或支持名称	年份	等级	授予部门
5	电子商务推动富硒农产品发展探析——以横县富硒大米为例	"大学生创业创新训练计划"区级项目	2018	省部级	广西壮族自治区教育厅
6	最高效的急救服务	"创青春"大学生创业大赛一等奖	2018	省部级	共青团广西区委、区教育厅等
7	第十七届全国MBA培养院校企业竞争模拟大赛	三等奖	2018	省部级	全国工商管理专业学位研究生教育指导委员会
8	国际企业管理挑战赛（GMC）	二等奖	2018	省部级	国际企业管理挑战赛中国赛区组委会
9	国际企业管理挑战赛（GMC）	三等奖	2018	省部级	国际企业管理挑战赛中国赛区组委会
10	"学创杯"2018全国大学生创业综合模拟大赛	一等奖	2018	国家级	高等学校国家级实验教学示范中心联席会
11	国际企业管理挑战赛中国赛区	一等奖	2018	省部级	国际企业管理挑战赛中国赛区组委会
12	中国大学生计算机设计大赛	"创青春"大学生创业大赛三等奖	2018	国家级	教育部大学计算机课程教学指导委员会等
13	第十四届"新道杯"沙盘模拟经营大赛	二等奖	2018	国家级	国家级实验教学示范中心联席会

续表

序号	项目名称	所获奖励或支持名称	年份	等级	授予部门
14	"互联网+"创业创新大赛"菇菇助植——农村闲置房屋利用新模式"	二等奖	2018	省部级	广西壮族自治区教育厅
15	短期户外素质拓展市场开发——以广西大学及周边高校为例	"大学生创业创新训练计划"区级拟推荐创业项目	2017	省部级	广西壮族自治区教育厅
16	"互联网+"背景下广西百色芒果网络营销策略优化研究	"大学生创业创新训练计划"区级拟推荐创业项目	2017	省部级	广西壮族自治区教育厅
17	广西农村淘宝现状分析及深化发展路径研究——以南宁市横县为例	"大学生创业创新训练计划"区级拟推荐创业项目	2017	省部级	广西壮族自治区教育厅
18	全国高校商业精英挑战赛"国泰安杯"流通业经营模拟竞赛	一等奖	2017	省部级	教育部高等学校经济与贸易类专业教学指导委员会等
19	"2017'创业创新'全国管理决策模拟大赛"全国总决赛	一等奖	2017	国家级	教育部高等学校工商管理类专业教学指导委员会等
20	"2017'创业创新'全国管理决策模拟大赛"全国总决赛	二等奖	2017	国家级	教育部高等学校工商管理类专业教学指导委员会等

附录2 2016—2019年广西大学商学院学生获各类竞赛奖励情况

续表

序号	项目名称	所获奖励或支持名称	年份	等级	授予部门
21	第三届互联网+合纵者团队"帮你存App"项目	铜奖	2017	省部级	广西壮族自治区教育厅
22	"互联网+"创业创新大赛"一键式安全警报系统"	铜奖	2017	省部级	广西壮族自治区教育厅
23	企业管理挑战赛	三等奖	2017	省部级	国际企业管理挑战赛中国赛区组委会
24	第七届全国大学生电子商务"创新·创意及创业"挑战赛广西赛区选拔赛	三等奖	2017	省部级	教育部高等学校电子商务类专业教学指导委员会等
25	第十三届全国大学生"新道杯"沙盘模拟经营大赛	一等奖	2017	省部级	国家级实验教学示范中心联席会
26	基于Struts框架的双向验证式安全网银系统		2017	学生获准专利（著作权）	—
27	广西边境贸易商品结构优化途径的探究	"大学生创业创新训练计划"区级项目	2016	省部级	广西壮族自治区教育厅
28	提升电商平台消费者黏性的策略研究——以共享网商城为例	"大学生创业创新训练计划"区级项目	2016	省部级	广西壮族自治区教育厅
29	"Team"校园学术联盟信息共享平台	"大学生创业创新训练计划"	2016	省部级	广西壮族自治区教育厅

续表

序号	项目名称	所获奖励或支持名称	年份	等级	授予部门
30	全国高校精英挑战赛"国泰安杯"流通业创新实践竞赛暨第三届海峡两岸大学生流通业经营模拟大赛	大陆决赛一等奖	2016	国家级	教育部高等学校经济与贸易类专业教学指导委员会等
31	"学创杯"全国大学生创业综合模拟大赛	一等奖	2016	国家级	高等学校国家级实验教学示范中心联席会
32	第十五届全国MBA培养院校企业竞争模拟大赛	二等奖	2016	国家级	全国工商管理专业学位研究生教育指导委员会
33	第五届"贝腾杯"广西大学生创业实战大赛	二等奖	2016	省部级	共青团广西壮族自治区委等

广西大学商学院学生参加创业创新活动及科研项目情况

序号	类型	活动名称	项目负责人或指导教师	年份	参加的学生名单
1	"大学生创新创业训练计划"国家级项目	小荷马校园综合服务平台	朱少英	2017	李佳琦、郭田雨、黄莞媛、孔维一
2	"大学生创新创业训练计划"国家级项目	广西农村淘宝现状分析及深化发展路径研究——以南宁市横县为例	曾艳华	2017	陈锦、黄玉娜、王菲菲、梁秋怡、冯春莲
3	"大学生创新创业训练计划"国家级项目	顾客视角下的广西特色农产品品牌价值的提升策略研究	唐玉生	2016	靳晶、杨燕婷、黄欢、彭显娟
4	"大学生创新创业训练计划"国家级项目	广西互联网金融对中小企业融资的影响研究	郭南芸	2016	徐榕蔚、诸葛瑞斌、刘心雨

续表

序号	类型	活动名称	项目负责人或指导教师	年份	参加的学生名单
5	"大学生创新创业训练计划"国家级项目	会计稳健性、金融危机冲击与公司价值	梁权熙	2015	李至圆
6	"大学生创新创业训练计划"国家级项目	基于扶贫开发视角的生态农业产业化分析——以广西百色为例	吕玲丽、范小俊	2015	廖海梅、刘施培、姚斯琪、孙境、陈茵梦
7	"大学生创新创业训练计划"国家级项目	广西藤县和平镇农民小额借贷的市场供求现状分析	陈新建	2015	张羽帆、余婷婷、覃宝金、何麟、唐文博
8	"大学生创新创业训练计划"区级项目	探究高校校友捐助、商业赞助与大学生活动的合作模式——以广西大学为例	范伟	2017	何新力、林淑婷、雷泽济、陆玮建、李倩萍
9	"大学生创新创业训练计划"区级项目	提升电商平台消费者黏性的策略研究(以共享网商城为例)	梁修庆	2016	苏珊、龚佳、傅瑜园、梁洪程
10	"大学生创新创业训练计划"区级项目	南宁市高校二手、闲置物品网络交易平台	朱少英、叶映	2015	玉晓静、黄馨玫、韦钊颖、徐茂森、张成辉、李泽亮

注：1. 本表所列创业创新活动是指国家、自治区、学校三级大学生创业创新训练计划。

2. 本表所列科研项目指学生作为课题组成员参加的各类国家、省部和市级纵向项目以及正式签订合同的包含技术咨询、技术服务、技术开发的立项项目。

3. 项目负责人或指导教师：对于类型为创业创新活动的，填写活动的指导教师姓名；对于类型为科研项目的，填写科研项目负责人。

广西大学商学院学生发表学术论文/作品情况

序号	论文/作品名称	发表期刊	发表时间	学生作者	
				第一作者	第二作者
1	《科创板在中小企业融资中的意义和作用》	—	2017年5月	李春妮	—
2	《共享单车企业盈利模式探究——以摩拜单车为例》	—	2017年6月	刘璐	—
3	《90后高校学生野菜知识普及情况调查及分析》	《青春岁月》	2017年8月	黄思萍	—
4	《广西经济增长与就业增长关系研究——基于劳动力市场分割的调节作用》	《现代商贸工业》	2015年1月	曾小强	覃开朗
5	《工商资本下乡对"三农"发展的影响——以广西隆安县为例》	《北京农业》	2014年12月	马土金	谭舒文

续表

序号	论文/作品名称	发表期刊	发表时间	学生作者	
				第一作者	第二作者
6	《广西糖业供应链金融服务创新研究》	《现代商贸工业》	2014年9月	何日旸	—
7	《广西制糖企业融资模式分析》	《现代商贸工业》	2014年9月	苏醒	—

注：本表所统计论文/作品指学生为第一作者或第二作者的论文/作品。

后　记

　　本书是在我主持的广西高等教育本科教学改革工程立项项目"'互联网+'下国际贸易本科生创业创新能力培养模式研究与实践"（项目批准号：2016JGA119；结项证书号：20200522）基础上补充、修改、完善而成。在此，我要衷心感谢广西教育厅，让项目得以立项，相关调研工作得以顺利开展和完成，最终成就了这本书。

　　项目立项于 2016 年 6 月，同年 11 月我正好赴美国中田纳西州立大学访学，让我有机会观察、感受美国的创业创新教育。每年的 5 月和 12 月是中田纳西州立大学的毕业季，此时的校园充满了各种广告或者告示牌，上面的活动很多与学生职业生涯规划、创业规划有关。通过讲座等方式，帮助学生如何做好未来的职业规划、写好创业企划书等。而中田纳西州立大学的琼斯商学院在学生创业、就业教育上独具特色。每年毕业季，琼斯商学院利用学校资源邀请优质校友，或者社会各界优秀人士，到学院给学生做讲座，更有意思的是讲座直接与日常的课堂教学融为一体。我亲历了"商务沟通"课堂上的创业讲座。当时，任课老师从学院提供的讲座者名单中挑选了一位校友，请他到课堂上给学生们介绍了自己大学毕业后创业的成功经验和教训，以及自己对企业家精神的理解，并现场回答了学生的提问。整个课堂异常活跃，学生们积极提问，校友不但演讲精彩，回答问题也很坦诚中肯，短短一个小时，让我也受益良多。

美国创业创新教育和专业教育的融合堪称典范。"投资学"的任课老师在第一次课上要求学生在投资网站上注册账户，尝试自己投资理财，学期结束时，老师要检查学生的投资成果。"投资学"的任课老师每次上课前，都会播放一段财经新闻，并和学生讨论，请学生谈谈自己的看法。"房地产经营管理"的任课老师会带学生到房地产公司参观。此外，美国的大学也组织学生参与各种创业大赛，让学生通过参赛实践自己的创业梦想。种种做法不但在美国大学校园里营造了浓郁的创业创新氛围，在大学生心中也种下了创业创新的种子。我和美国大学生聊未来职业规划时，他们很多人都计划先到企业锻炼，积累经验和资金，然后创办自己的事业。

美国发展得如火如荼的创业创新教育，让我感觉到中国创业创新教育发展的紧迫性。高校毕业生创业的热情，创新的精神必将成为未来中国经济发展的助推器。因此，我在完成项目的过程中，萌发了写一本关于高校创业创新人才培养的书。

本书的完成实属不易。我非常感谢知识产权出版社的李小娟编辑。尽管还未与李编辑面对面，但多次的微信、电话交流已让我在脑海中勾勒出了她美好、干练的形象。没有李编辑的热情工作，积极鞭策，本书的完稿估计还要拖一段时间。

我要感谢好友覃莉博士。尽管我们研究领域差异甚远，但每每与她聊天常常能激发学术灵感，感受到学科交叉的魅力。

我还要感谢参与项目研究和实践的研究生和本科生：张朝帅、黄英嫚、李怡凡、宋丹、肖成琳、梁天丽、朱玉妤、邱潼、李国锋、陈毓隆。他们共同参与了中国"互联网＋"大学生创业创新大赛。尽管匆忙参赛，学业繁重，他们还是集思广益，分工协作，圆满完成了创业计划书，并获得了较好名次。虽有遗憾但也收获良多。他

后　记

们的参赛实践为项目研究和本书完成奠定了良好的基础。

项目和本书的完成过程中，还得到了许多亲人、同事和朋友的帮助。书中很多观点和做法，是广西大学商学院同事们在创业创新教育工作中的积累和总结。感谢所有为本书的完成提供了帮助的亲人、同事和朋友们。

本书中参考和引用了许多国内外学者的研究成果，书中也做了相应的注释，在此对相关学者表示深深感谢。

韦倩青

2021 年 7 月 14 日于广西大学